現代日本人の法意識

瀬木比呂志

講談社現代新書
2758

まえがき——「法意識」とは何か？

「法意識」という言葉は、どこかで聞いたことがあるような気がするが、今一つピンとこない。そんな読者の方々も多いだろう。仮にあなたが優秀な法学部生、法科大学院生だとしても、「法社会学者が『法意識』について論じているのは知っているが、それにどういう意味があるのかはよくわからない」、せいぜいそんなところではないかと思う。

実際、大学の法学教育でも、「法意識」は、法社会学、法哲学といった基礎法学の講義で登場するだけのことが多い。したがって、弁護士、裁判官等の法律実務家でも、「法意識って何ですか？　どういう意味があるんですか？」と尋ねられれば、的確な説明をすることは容易でないはずだ。

そこで、まずは、「法意識」について、法律学辞典的な定義をしてみよう。

「法意識」は、広く、法に関する人々の意識、すなわち、法に関する知識、感覚、観念、意見、信念、期待、態度等、法に関する各社会固有の傾向を包括的に表現するための言葉だ。

しかし、これでは抽象的な言葉の羅列で頭に入りにくいから、わかりやすい日常の言葉を用いて言い直してみよう。
「法意識」は、法に関する人々の知識、考え方や感じ方、また、それに対する態度や期待を包括的に表現するコトバである。

さて、本書は、書名から明らかなとおり、日本人に根付いている「日本人特有の法意識」をテーマとする。そして、特にその現代的な様相を明らかにすることに焦点を当てている。

私は、裁判官として三十三年間に約一万件の民事訴訟事件を手がけるとともに、研究・執筆をも行い、さらに、純粋な学者に転身してからの約十三年間で、以上の経験、研究等に基づいた考察を深めてきた。この書物では、そうした経験をもつ者としての、理論と実務を踏まえた視点から、過去に行われてきた研究をも一つの参考にしつつ、「現代日本人の法意識」について、独自の、かつ多面的・重層的な分析を行ってみたいと考える。

法学者・元裁判官である私が、法律のプロフェッショナルですら満足に答えられないような曖昧模糊《あいまいもこ》とした「法意識」に焦点を合わせた一般向けの書物を執筆したのは、日本固有の法意識、日本人の法意識こそ、私たち日本人を悩ませる種々の法的な問題を引き起こす元凶の一つにほかならないと考えるからだ。

それればかりではない。意識されないまま日本人の心理にべったりと張り付いた日本的法意識は、日本の政治・経済等各種のシステムを長期にわたってむしばんでいる停滞と膠着《こうちゃく》にも、深く関与している可能性がある。その意味では、本書は、「法意識」という側面から、日本社会の問題、ことに「その前近代的な部分やムラ社会的な部分がはらむ問題」を照らし出す試みでもある。

この書物で、私は、日本人の法意識について、それを論じることの意味とその歴史から始まり、共同親権や同性婚等の問題を含めての婚姻や離婚に関する法意識、死刑や冤罪の問題を含めての犯罪や刑罰に関する法意識、権利や契約に関する法意識、司法・裁判・裁判官に関する法意識、制度と政治に関する法意識、以上の基盤にある精神的風土といった広範で包括的な観点から、分析や考察を行う。

それは、私たち日本人の無意識下にある「法意識」に光を当てることによって、普段は意識することのない、日本と日本人に関する種々の根深い問題の存在、またその解決の端緒がみえてくると考えるからである。また、そのような探究から導き出される解答は、停滞と混迷が長く続いているにもかかわらずその打開策が見出せないでもがき苦しんでいる現代日本社会についての、一つの処方箋ともなりうると考えるからである。

なお、こうした試みは、私が初めて行うわけではない。日本の法社会学の草分けともいえる民法学者・法社会学者川島武宜《たけよし》が、本書第6章でもふれる『日本人の法意識』〔岩波新書〕で、西欧諸国の法律にならって作られた明治以降の法体系と人々の現実の生活や意識との間に存在する大きな溝、ずれに注目し、法と権利、所有権、契約、民事訴訟という基本的な法的事項に関する当時の日本人の法意識について論じて以来の、長い歴史がある。

さて、「法意識」を論じる上で注意してほしいのは、「法意識」における「法」の対象が、普通に人々が考えている「法」よりもはるかに広いことだ。日本人が普通に考える法は、六法全書収録の法すなわち制定法だが、「法意識」にいう法は、裁判所が制定法を解釈し具体化した判例法はもちろん、慣習法や部分社会の公的ルールまでをも含みうる非常に広い概念なのである。

また、「法意識」は、右のような広義の法についての人々の「現実的な評価」と、こうあってほしいという「願望」の双方を含んでいる。そして、各社会の歴史、構造、文化によって形成されてきた「法文化」を反映した概念でもある。したがって、本書の分析の対象は、前記のとおり、法にとどまらず、日本の文化や社会一般にまで及ぶ。そこまで視野を広げなければ、複雑化した現代社会に生きる現在の日本人の法意識を的確に分析することは難しいからだ。

以下、本書の構成、各章の内容について、より具体的に述べておく。

第1章では、法意識論の前提として、「現代日本人の法意識」について考えることの意味とその重要性について述べる。

第2章では、第3章以下で現代日本人の法意識について考える前に、その前提として、まずは、日本法の歴史とその特質について論じる。「法意識」、「法思想」という側面を念頭に置きつつ、また、その現代につながる側面を浮かび上がらせるかたちで、分析してみたい。なお、江戸時代庶民の法意識については、その意外に進んでいた側面をもクローズアップする。

第3章では、法と人々の法意識との間に大きなギャップが生じやすい分野である家族法関係の事柄、具体的には、婚姻と離婚、共同・単独親権、不貞、事実婚、同性婚等の事柄について、そのあるべき姿をも見据えながら検討する。特に、同性婚ないしはこれに準じる制度を法的に認める場合の具体的な方法、また、子をもつことまで認めるかは、いずれも難しい論点である。できる限り正確にかつわかりやすく検討、解説したい。

第4章と第5章では、刑事司法をめぐる日本人の法意識について、法学にとどまらない社会・自然科学的な観点をも交えつつ、掘り下げた分析を行う。具体的には、第4章では、犯罪と刑罰に関する国民、市民一般の法意識を中心に論じる。犯罪と刑罰の意味、自由意思と責任、刑事司法の目的に関する二つの対立する考え方である「応報的司法」と「修復的司法」、究極の刑罰である死刑の相当性等が中心的なテーマとなる。第5章では、「刑事司法における明らかな病理現象」である冤罪について、その大きな原因となっている刑事司法関係者の法意識を中心に論じる。

第6章では、第2章から第5章までの記述をも踏まえつつ、基本的ながらやや抽象度の高い法的事項、すなわち法と権利、所有権、契約、民事訴訟に関する現代日本人の法意識について、総論的な考察を行う。テーマとの関係で、民事領域の話題が中心となる。

第7章では、日本人の法意識のうち、司法、裁判、裁判官をめぐる幻想という側面について、いくつかの観点から集中的に論じる。具体的には、裁判・裁判官の本質と役割、またそれらのはらむ矛盾、裁判と裁判官をめぐる幻想・神話の日本的な形態、日本の司法ジャーナリズムの問題と右の幻想との関係、裁判官弾劾で罷免された岡口基一元判事の言動・言説は右の幻想に対するアンチテーゼとしての意味をもちえたのか、といった論点について考えてみたい。

第8章では、制度と政治という二つの観点から、法意識の公的な側面についての概観を試みる。司法プロパーの領域を超えた部分をも含む議論となる。

第9章では、以上の記述を踏まえ、日本人の法意識の基盤にあると思われる精神的風土について、思想的な問題、また社会・集団・個人の問題という二つの側面から考察する。

なお、本文における他書等の引用については、かぎカッコを用いている場合でも、多くは、原文そのままではなく、その趣旨を私の言葉で整理したものである。

また、本文に引用する人名について敬称を付するか否かは、文脈等に応じ、適宜使い分けている。

目次

第1章

「現代日本人の法意識」について考えることの意味

この章では、法意識論の前提として、「現代日本人の法意識」について考えることの意味とその重要性について論じる。

日本における近代的法意識の未熟さ

次の章で論じるとおり、明治時代に近代的法制度が導入されるまでは、日本には、現在の民法、商法等に相当するまとまった民事系の法典はなく、江戸時代には、各奉行ないしその配下にある司法官僚が適宜の裁判を行っていた。刑事法の領域では、一八世紀半ばに成立した「公事《くじ》方御定書《かたおさだめがき》」があり、これは、西欧的な制定法ないし判例法集成とは異なるものの、刑法・刑事訴訟法の領域を一応カヴァーしていたが、民事法の領域では、裁判は、先例や慣習に基づいていたのである。

つまり、江戸時代の法は、もっぱら「統治と支配のための法」であり、したがって、民事の比重は軽く、刑事についても、先の公事方御定書でさえ、現実には筆写によって広く流布していたものの、建前上は、「秘密法」であり、人々に知らされるべきものではないとされていた。まさに、「民は由《よ》らしむべし、知らしむべからず」が徹底していたのである。

また、江戸時代をも含め、それまでの日本法には、権利という一般的な概念自体がなく、したがって、個人の私権は重視されなかった。法曹や法学も未発達だった。さらに、法的な概念のみならず、普遍的理念一般についての認識や感覚も薄かった。最後の点については、現代の日本についてもなお相当程度にいえることかもしれない。

つまり、近代的法意識が根付いている程度という側面からみる限り、日本と欧米諸国では、非常に大きな差がある。これは、ある意味仕方のないことだ。明治時代にお雇い外国人の手をも借りながら短期間で西欧法を移入、カスタマイズし、大急ぎで身につけた日本人の法意識と、ローマ法以来の長い歴史の中で精緻な法体系を練り上げてきた西欧の人々のそれとの間に、近代的法意識という側面で大きな差があるのは、当然ともいえるからである。

問題は、右のような大きな相違ももちろんだが、現代日本人にはその「相違」自体が十分に認識されていないことにもある。そのことを象徴する一つのトピックを示してみよう。児童文学の名作として名高いルイス・キャロルの『不思議の国のアリス』を子どものころに読んだことのある人は多いと思う。しかし、そのエンディングを記憶している人はあまりいないのではないだろうか？

実は、キャロルは、最後の二章で、トランプのハートの王と女王が行う「刑事裁判」について詳しく語っているのだ。具体的には、被告人はハートのジャック、公訴事実は、女王が焼いたタルトの窃盗である。

初めて法廷に入ったアリスは、本で得た知識によって、そこにあるもの、いるものの名はほぼ全部知っていたので、すっかりうれしくなる。大きなかつらをかぶっているハートの王様が判事さん、陪審員席には十二の生き物。アリスは、「陪審員たち（jurors）」という正確な言葉を知っていたのが得意で、二、三度その言葉を繰り返してみる。

マッドハッター（童話中では単に「ハッター」）の証人尋問中に喝采《かっさい》したモルモットが「裁判所侮辱」で拘束される。騒いだモルモットを役人たちが袋に放り込むのを見て、アリスは、「ああ、新聞によく出ている『裁判所侮辱による拘束』って、ああいうことなのね！初めてわかったわ」と納得する。

公爵夫人の料理番の尋問では、アリスを不思議の国に導いた白ウサギが、王様に向かって、「この強情な証人は、陛下が、ぜひとも『反対尋問』をなさらなければいけませんよ」と強く要請する。王様は、「ああ……、しなければならないなら、しょうがないからやるか」としぶしぶ承諾する。

ハートの王様は、面倒な裁判を早く終えたくてたまらない。そこで、何度も何度も、「早く陪審員に評決させよ、評決させよ」と促す。と、最後に、女王が、「いや。刑の言渡し（sentence）が先で、評決（verdict）は後じゃ」と突っ込む。本来は、陪審員が「評決」で「有罪無罪」を決めた後に、判事がそれに基づいて具体的な「刑の言渡し」をするのだが、女王は、これをひっくり返して、ナンセンスなことを言っているのだ。
怒ったアリス（元の大きさに戻りつつあるため、気が大きくなっている）が、「先に刑の言渡しをするですって！　そんなの、たわごとよ、ばかげてる《スタッフ・アンド・ナンセンス》わ」と抗議してトランプたちをはらいのける。彼女はそこで目覚める。

この童話が出版されたのは一八六五年。日本ではちょうど江戸時代の終わりである（明治元年は一八六八年）。そのころのイギリス上流階層における小学校低学年の子ども（『鏡の国のアリス』によれば、童話のアリスの年齢は、モデルになった現実の少女よりは少し下、厳密に、「七歳と六か月」に設定されている）は、司法と裁判に関する知識がアリスくらいあったか、あるいは、少なくとも、右の二章を「面白い」と感じられる程度には理解できたのである。

さて、現在の日本ではどうだろうか？

数学者を本職とするキャロルの一番のお気に入りであったアリスは、賢い少女だったに違いない。しかし、それにしても、彼我の制度の違いはおくとして、現在の日本で、裁判の実際や司法の機能、意味について、先の童話におけるアリス程度の知識、感覚、意識をもった子どもが、小学校中・低学年でいるだろうか？　おそらく、小学校高学年でも少なく、中学生でやっとどうにかこうにか、というところだろう。また、場合によっては、高校生でも、アリスに及ばない法知識、法意識しかもっていないことだってありえよう。

だからこそ、日本人は、たとえ少年少女時代にこの童話を読んでいても、また、作者が非常に力を込めたクライマックスであるにもかかわらず、裁判の二章の内容は、全部きれいに忘れてしまうのである。

法の歴史における切断

現代日本人の法意識を考えるうえで見逃せないのが、法の歴史における「切断」である。詳しくは次の章で論じるが、日本においては、法の歴史に、いくつもの重大な切断がある。

日本の法は、元々の固有法が発展してきたというよりも、外国から移入された法、それも、基盤も思想も異なる法が、幾重にも折り重なって形成されてきた側面が強い。

最初は、中国法（律令）が移入された。律令がそれまでの原始的な日本法と混淆《こんこう》し、日本の風土と歴史の中で公家法、武家法、戦国法と変形、発展してゆき、それなりに洗練されたスタイルに達したのが、江戸時代の法であった。

明治の制定法は、以上を一挙にくつがえすようなかたちで流入してきたヨーロッパ法に基づいている。しかし、これは、不平等条約の撤廃を第一の目的としており、法継受の目的が外向きでいびつだったことと、古来の日本法を無理矢理押し込めるかたちで成立したこととから、人々の、特に庶民の法意識とは、かけ離れたものだった。

それでも、明治から大正の日本には、「西欧を規範としつつ日本固有の事情をも加味した近代」の確立を唱え続けた指導的知識人たちの理想に沿ってヨーロッパ近代を咀嚼《そしゃく》しようという努力があった。しかし、そのような努力は長く続かず、昭和期に入ると、第一次世界大戦後の政治・経済情勢の影響もあって、日本は、ファシズム化の動きが顕著な国の一つとなり、いわゆる十五年戦争への突入に伴い、未だ萌芽の段階にあった民主主義も封じ込められていった。

太平洋戦争敗戦後の法の継受については、ご存じのようにアメリカ法の影響が決定的であり、日本国憲法がその典型である。

法と人々の法意識の間の溝、ずれ

以上の経過から明らかなとおり、日本では、外来法に由来し、あるいはそれから発展していった正規の法、つまり制定法（ないし判例法）は、基本的に統治と支配のための法であって、それらと人々の意識との間には、常に、大きな「溝、ずれ」があったといえる。

いいかえれば、一握りの為政者を除く多くの日本人にとって、法は、みずからの意思で築き上げ、あるいは獲得したものというよりは、むしろ、その時々の事情により天から降ってくるようなかたちで与えられたものであった。だから、日本人の大多数にとっては、法は、常に、「疎遠なもの、よそいきの言葉や衣服のようなもの」であり、法の国民的・市民的基盤は弱かった。

特に、欧米の影響が強まるとともに、西欧的近代法の「建前」の裏に統治と支配のための法という「本音」が忍び込ませられた明治時代以降については、ある意味、先のような溝、ずれがより顕著になったといえよう。そして、この点は、民主化の進んだ戦後にも、本質的には、それほど大きく変わっていないのではないか。それが、法学者・元裁判官としての私の実感である。

だが、不思議なことに、このような「法と人々の法意識の間の溝、ずれ」の問題は、私のみるところ、法律家（実務家・学者）によってさえ、必ずしも、十分明確に意識されてはいないように思われる。

私自身の経験でも、子どものころに漠然と抱いていた法意識と、法学部に入り、法を学んで法律家となった後の法意識との間には、明らかな相違、切断があったと感じられる。けれども、私自身、この溝、ずれ、切断を明確に意識したのは、裁判官を務めるかたわら、それに飽き足らず研究や執筆をも始めてからのことだった。

しかし、こうしたギャップの存在を意識するに至る機会をもつ法律家は、実務家でも学者でも、それほど多くはない。むしろ、大学で学んだ近代的法意識を新たに身につけるとともに、それまでにもっていた法意識はきれいにご破算にしてしまうという例が多いだろう。新しい服をまとうと同時に、捨ててしまった古い服のことは無意識の領域にしまい込んでしまうこうしたやり方は、日本人に非常によくある新思想摂取のかたちである。

言葉をかえれば、日本では、法律家の法意識自体に、付け焼き刃、自己認識不足という問題が潜在しているといえる。そして、そこから、日本の現状やその文化固有の特殊性をほとんど考えないで、あたかも日本社会が欧米水準の法と法意識の下にあるかのような錯覚に基づいて日本の法や法的な状況を論じるという問題が出てくる。

したがって、法律家と一般市民との間の意識されざる溝は、いつまで経っても一向に埋められることがなく、法律家でない人々は、いわゆる知識人をも含め、法にも、法に関する知識、感覚にもうといのが、日本では、今なおごく普通の事態となっている（なお、本書では、「知識人」という言葉を、「一定の知識をもち、かつそれをみずからのヴィジョンの下に使いこなせる人間」という意味で用いている）。

また、前記のような溝、ずれが意識されていないことの法律家側の問題としては、新しいとされる制度の裏側ないし潜在的な基盤の部分に、古い法や法意識、それもそのよくない側面が、はっきりとは認識されないまま残存する結果になる事態がある。

その代表的なものが、第4章、第5章で論じる日本の刑事司法であろう。表面的には、刑法も刑事訴訟法も整っており、洗練された解釈学もある。しかし、その実態をみれば、「自白の偏重と自白するまで身柄拘束を続ける『人質司法』の蔓延《まんえん》、推定無罪の原則とは反対に、被告人が無罪を証明しなければならないに等しいような有罪推定の原則」が厳然として存在するのだ。これは、刑事事件を扱う弁護士たちが強く主張してきたことである。そして、おそらく、このような伝統は、そのまま江戸時代の刑事法とつながっているのだ。「疑わしきは罰せず」という近代刑事法の大原則、憲法に基礎を置くそれが、現実には、いとも簡単にねじ曲げられてしまっている。これは、今日では、欧米はもちろん世界標準からも外れた事態であり、だからこそ、国連の拷問禁止委員会でアフリカの委員から「日本の司法は中世並み」という趣旨の指摘を受けた日本の「人権人道大使」が、苦笑を押し殺す人々に向かって、「シャラップ」と口走ってひんしゅくを買う（二〇一三年）といった事態も起こる。

ここで問題なのは、日本の刑事司法の前記のような状況だけではない。検察、警察を始めとする刑事司法関係者たちの多くが、この大使同様、「日本の刑事司法の建前と、実態・本音の間の目もくらむような裂け目、溝」、「表の法意識と裏の法意識の明確な二重基準（ダブルスタンダード）」を少しも意識していないことも、それに劣らない大きな問題なのである。

法は社会と制度の基盤

法は、経済と並んで社会の基盤とされる。そして、現代社会においては、経済をも含めた社会のさまざまな機能、仕組み、また、権力ないしシステムと人々の関係は、法によって規制・規整されている。つまり、制度は法によって作られている。そのことを考えるなら、法は、最も基本的かつ重要な社会的インフラストラクチャーともいえる。

そのような法について、多数の市民が知識、感覚、ヴィジョンをもっていないとしたら、その「法意識」に大きな穴や欠落があるとしたら、それは、必ずや、その社会の大きな弱点となる。

また、法は、「社会における人々の行動とその関係を規制・規整する枠組み」でもある。しかし、前記のような事態の帰結として、日本では、人々の行動を実際に規制・規整している第一次的な要因は、今日でも、明示的な「法」よりもむしろ、法の内側にある「見えない社会的規範、ムラ社会的なオキテ、シキタリ」なのではないだろうか？

そして、そうした事態が、さまざまな意味において日本社会・日本人の足かせになっており、ひいては、日本社会における危機管理能力の致命的な不足、また、グローバリゼーション以降の新しい世界情勢を的確に把握し、対応してゆくヴィジョンの欠如といった事態にも、つながっているのではないだろうか？

それが、元裁判官の法学者である私の、率直な疑念なのである。

右のような現状を打開するためにまず必要な基礎的考察の一つが、歴史的経過をも踏まえての、「現代日本人の法意識」のリアルな探究、分析ではないかと考える。

第2章　日本法の歴史とその特質

――古代から現在まで

この章では、第3章以下で現代日本人の法意識について考える前に、まずは、日本法の歴史とその特質につき、「法意識」、「法思想」という側面を念頭に置きつつ、また、その現代につながる側面を浮かび上がらせるかたちで論じる。

具体的には、1で近世までについて概観した後、2で、近年研究の進んでいる江戸時代庶民の訴訟と法意識につき、1とは趣を変えてその意外に進んでいた側面をクローズアップし、3で、以上を受けて、明治時代以降現在までについて述べる。

1　古代から近世まで

西欧法の概要と日本法との相違

日本法の歴史と特質について考える場合、明治時代以降に移入された欧米法との相違を念頭に置いておく必要がある。

そこで、まずは、日本を含む非西欧世界の法と対比しての、英米法をも含めた西欧法の歴史、特質、骨格について、簡潔に整理しておこう（以下、この章の記述については、浅古弘ほか『日本法制史』〔青林書院〕を始めとする法制史関係の書物、比較法思想史学者、法人類学者千葉正士《まさじ》の研究成果である『世界の法思想入門』〔講談社学術文庫〕を参考にさせていただいた）。

西欧法の淵源はローマ法にあるといわれる。実効的な私権の体系を築き上げ、契約、物、所有と占有、責任、親子、相続、遺言等の基本的な法的概念、また、権利実現のための訴訟手続を確立したのが、ローマ法だったからである。さらに、法学や法曹もローマで生まれた。

しかし、西欧法思想という観点からみると、ギリシア哲学が、すでに、国家、法、正義等のより基本的な法哲学的概念を作り上げていたことも、それに劣らず重要である。また、キリスト教が、神の前ではすべての人間は平等であるとの思想から、普遍的でありかつ不変の法としての「自然法」の概念を確立していたことについても、同様である。

以上のような背景の下に、ヨーロッパでは、ローマ法を源流とする世俗法が教会法とからみ合いながら発展してゆき、ルネサンス、宗教改革、絶対王政の時代を経て、西欧近代法が成立した。

西欧近代法の「思想的基盤」についてみると、文化全般の場合と同様、キリスト教の影響が強く、普遍的な理念の強調がその大きな特色といえる。そして、その背景には、精神面では、分厚いギリシア哲学の伝統が、実務面では、壮観な体系を成すローマ法の伝統があったということになる。

こうして概観しただけでも、「正義、平等を指導原理とする『権利の体系としての法』」

という西欧近代法の骨格、その頑強さと合理性が、また、それがおおまかにいえば近代法の世界標準として浸透していった理由が、よくわかるだろう。

明治以前の日本法と比較すると、権利ことに私権の明確性、法学や法曹の発達、権力との対峙という意味をも含めての普遍的理念の強調といったところに、際立った相違がある。本書でも随時ふれるとおり、江戸時代以前の日本法には、権利という一般的な概念自体がなく、個人の私権は重視されなかった。法曹はもちろん、法学も未発達だった。また、普遍的理念についての認識や感覚が薄いのは、前の章でもふれたとおり、現代の日本についてもなおいえることである。

こうした日本の法思想の特質につき、前記『世界の法思想入門』は、「アメーバ性法思想」と表現する。大本の規準となる典拠（聖典、基本法典等）をもたず、「個体性の維持を目的および条件として現実の環境に応じ柔軟に対応する状況主義の法思想」であり、融通性に富む現実対応という点ではメリットがあるが、一方、普遍的原理・理念の契機が弱いから思想的雑居性を招きやすいという。この指摘はおおむね当たっていよう。

原日本法と「ノリ」

前の章でも述べたとおり、日本の法は、元々の固有法が発展してきたというよりも、外国から移入された法、それも、基盤も思想も異なる法が、幾重にも折り重なって形成されてきた側面が強い。

これは、日本文化全般についても同様にいえることかもしれない。しかし、日本文化のうち文学、芸術・技芸、風俗、美学等の側面が、日本文化の折衷性を生かしつつ外来文化を見事に咀嚼して独自の価値をもつものに洗練してきたのと対比すると、日本法の発展は、むしろ切断やかたちだけの摂取の目立つ、ぎくしゃくしたものであった。また、法の発展にとって重要な思想や普遍的理念（いずれも、日本文化において弱い部分）の契機が欠けやすいために、日本の法（明示された法）は、人々の意識と必要に根付いた法にはなりにくかった。本書でも繰り返しふれるとおり、日本では、明示された法と人々の法意識の乖離《かいり》が、現在でもなお目立った特徴となっているのである。

さて、日本の元々の固有法については、あまり詳しくは知られていないが、おおまかにいえば、ヤマト王権（大和朝廷）の下における氏族制を核とした原始的な法と法制度だったといえよう。

この原日本法で注目されるのは、「法」に該当する言葉としての「ノリ」である。ノリは、元々は「神意」を意味し、したがって、上から下に向かって一方的に下される「逆らうことのできない命令」ということになる。これは、法と権利を密接不可分なものとしてとらえる西欧法の法概念とは対照的なものだが、今もなお、日本人の意識下に原型として存在する法のかたちではないだろうか。

私がこのことを最も痛切に感じたのが、裁判官だった時代に東京地裁で行われていた民事部・刑事部の所長代行判事の選挙である（東京のような大地裁では、所長のほかに、四名あるいは二名の所長代行判事が置かれる）。選挙といいながら、選ばれる人間はあらかじめ決まっており、「上」から指示が降りてくるのだ。そして、判事補たちは、この指示のことを、「天の声」と呼んでいた（拙著『絶望の裁判所』〔講談社現代新書〕）。

この、「天の声」の本質はまさに「ノリ」であろう。ほかならぬ「裁判官」が、出来レース選挙、八百長選挙をやっていたこと自体驚くべきことで、現代の主要な自由主義諸国ではまず例をみないと思う。しかし、私がそのこと以上に衝撃を受けたのは、自分たちの行っている裁判という仕事の原理原則と完全に背馳《はいち》するこうしたシステムを疑うか、あるいは少なくとも距離を置いて自嘲的に眺めてみるような裁判官が、私の周囲にはいなかったことだった。私自身は、ある所長代行判事に、「この制度はおかしくありませんか？」と尋ねたことがあるのだが、これに対し、その方が、「この人は何が言いたいんだろう？　どうしてそんな不思議なことをきくのかな？」といった雰囲気の表情を浮かべつつ話をそらしたことを、よく覚えている。

このように、過去の亡霊は、そのかたちを変えて、現代日本にいくらでも生存、棲息しているのである。

律令制とこれに先立つ十七条憲法

かなり原始的で曖昧模糊《あいまいもこ》としていた原日本法の世界に初めて系統だったかたちで移入、継受されたのは、当時の日本にとって関係の深い先進国家だった中国の律令制、律令法である。律は刑事法、令は統治の手段としての公法・行政法であり、西欧法とは違って、私法の領域については民間の慣行にゆだねられていた。

もっとも、日本の律令法は、その核にある法思想についてみると、中国のそれをそのまま受け継いではいない。

中国法には、儒教思想を始めとする中国哲学の伝統、すなわち東洋の普遍的理念があり、また、法家《ほうか》の理論のように法学に相当するものもあるという点では、西欧法ほどではないとしても、骨格はそれなりにしっかりしていた。それに比べれば、日本の律令制は、かたちだけという側面が強く、古来の身分的氏族制との混淆など固有法の色彩も強く残っていて、和の精神や仏教的理念が強調された。

つまり、ここにも、明治維新や太平洋戦争後の場合と同じく、一種の法の切断という事態はあったと思われる。国家としてのかたちを整えるために当時の近代法であった律令制を導入するという「表」と、固有法の色彩の残存という「裏」の並立という事態は、同様に存在するからだ。そして、表と裏の軋轢を緩和し、両者を統合するための日本的理念として、和の精神や仏教的理念が強調されたということであろう。

この点で注目すべきは、固有法時代の後期に聖徳太子によって作られたといわれる「十七条憲法」（六〇四年）である（なお、十七条憲法については、七二〇年完成とされる『日本書紀』の編《へん》纂《さん》者等による偽書説もあるが、少なくともその原型は七世紀初めころに存在したのではないかとの説が、比較的有力である）。

よく知られるとおり、十七条憲法は、官吏の心得を説き、その第一条で「和をもって貴しとなし、さかふる（さからう）ことなきを宗とせよ」と、最初に和の精神を強調している。しかし、この「和」は、単純な「和合」ではなく、ヤマト王権内部における権力抗争の終結を背景とし、身分秩序と権威主義を前提とした「統治と支配の原則」の一環としての「和」であり、第二条における仏教的理念の尊重と相まって、前記のような律令制導入の基盤を築いたものとみるべきであろう。それは、今日の日本でも、十七条憲法の文言を引いて和の精神を説く人々の感性がまずは支配者側、権力者側のそれであることによっても、裏付けられると思われる。

鎌倉時代から江戸時代まで

その後の日本法は、公家法、武家法、村落共同体や商人等の庶民の世界を規律する民衆法等、さまざまな部分領域の法がからまり合いながら発展し、日本法としての固有の秩序を作り上げていった。

私法の領域が軽んじられた点は中国と同様だが、前記のとおり、「法の核にある普遍的理念の欠落ないし薄さ」という部分は、日本法により目立った特色である。そうした普遍的理念の欠落を埋める日本的原理としては、和の精神を始めとして、村落共同体と家族共同体の重視、擬制的親子関係思想の拡張等、総じて身分秩序と権威主義の観念を中核とする「現実的・現世的理念」が強調された。

こうした伝統の中で異例なのは、鎌倉時代前期に作られた武家法で公家のための律令に相当する「御成敗式目」(一二三二年)が、「法とは道理であり、権力者がほしいままにこれを左右することはできない。権力者も法に拘束される」として、「権力に対する法の優位」すなわち一種の「法の支配」を強調していたことである。これは、鎌倉幕府が在地領主である御家人たちの協力の上に成り立っており、幕府の基盤が弱かったことを背景とするとはいえ、日本の法の歴史においては珍しいことであった。

だが、このような異例の原則も、戦国時代までの流れの中で、次第に「法に対する権力の優位」に取って代わられていった。その行き着いた地点が、戦国大名法の典型といわれる「喧嘩両成敗法」である。これは、簡単にまとめれば、喧嘩と自力救済抑止のために、喧嘩というかたちで実力を行使した当事者はその「理非」を問わず処罰するという乱暴な内容で、いわば、「道理に代えて権力の意思そのものを法とした」ものだった。しかし、そのころの庶民の間に根強かった日本的な衡平《こうへい》感覚、理屈や理非を問わないむき出しの衡平感覚に見合った部分もあったといわれる。

このような「喧嘩両成敗」的発想も、実は、現代社会に残存している。「とにかく深刻な争いごとや不和はよくない」から、「一応言い分は聞くものの、最終的には、理非を問わずに双方をただす」という発想である。私は、日本で長期の調査研究を行ったある外国人研究者から「日本社会の問題について確信をもっていえることが一つある。それは、隠れたハラスメントが非常に多いことだ」と指摘されて、そのとおりとうなずかざるをえなかった経験がある。

前記のような発想からすれば、「ハラスメントも要するに争いごとであり、双方に問題がある。だから、最後には、理非を問わず、双方をただす」ということになりやすい。そして、双方をただすといっても、実際に二次被害を被って踏んだり蹴ったりになるのは被害者のほうだから、被害者も、ハラスメントについて訴えるのをためらうことになるのだ。

さて、日本法も、日本文化全般とともに、鎖国の江戸時代に成熟し、それなりに洗練されたスタイルに達した。この時代には、法典や判例集に相当するものも、前の章でふれた「公事方御定書」を始め、刑事領域ではかなり発達した。民事領域では相変わらずそうしたシステム化はあまり図られなかったが、商人間の取引法については独自の発展をみた。昔から経済中心の国だったわけだ。

この時代にももちろん民事紛争はあった。しかし、権利という実体を表す言葉が存在しなかったことに象徴されるように、統治と支配に関係のない私人の権利も紛争も、あまり重視されず、したがって、民事訴訟も同様であった。民事訴訟は、権力者の責務ではなく、その慈悲、恩情によって行われるものにすぎず、また、当事者の所属集団の承認や同伴が必要であった。裁判についての奉行の関与は形式的なものであり、審理や証拠調べの実質的な部分は、奉行の下役の司法実務官僚たちが行っていた（なお、この点については刑事訴訟でも同様）。そして、手続のあらゆる段階で内済《ないさい》（和解）が強く勧められ、押し付けられることも多かった。

2 江戸時代庶民の法意識は高かった？

江戸時代の民事訴訟に関する実証的研究

第6章で言及する川島武宜《たけよし》の法社会学を始めとする戦後初期の法社会学には、当時の左翼思想の影響も手伝って、「日本社会は前近代的な後れた社会だったし、今もそうだ」との認識があった。また、日本人の法意識のうち、江戸時代以前に淵源をもつような、近代法の論理とは異なる部分についても、その客観的・中立的な検討を行う以前に、「前近代的」として切り捨てる傾向もかなり強かった。

こうした認識は一面的なものだったが、一方、私自身、現代日本社会の停滞、民主主義という側面からみての機能不全については、やはり、「ムラ社会の病理」がその大きな原因だと考えている。だから、本書の分析でも、日本人の法意識については、批判的に考察、検討する場合が多い。

そこで、公平かつ客観的なバランスを保つという観点から、また、近世の村社会がもっていた積極的側面、再評価されるべき側面をも押さえておくという観点から、江戸時代の裁判に関する歴史学者の実証的研究について紹介、分析しておきたい（渡辺尚志《たかし》一橋大学名誉教授による分析。書物は、『武士に「もの言う」百姓たち――裁判でよむ江戸時代』、『江戸・明治 百姓たちの山争い裁判』、『百姓たちの水資源戦争――江戸時代の水争いを追う』、『百姓たちの幕末維新』〔以上、草思社文庫〕、『百姓の主張――訴訟と和解の江戸時代』〔柏書房〕、『百姓の力――江戸時代から見える日本』〔角川ソフィア文庫〕。以下の記述との関連が深くかつ比較的わかりやすいのは、最初に挙げた書物であろう。なお、各書物の記述には他の学者による研究の引用も含まれているが、以下では特に区別しないで論じる。また、以下の記述には、渡辺教授の記述に基づく法学者としての私の「解釈」も、一部含まれている）。

これらの書物における分析は、古文書に基づいて個々の現実の事件を追ってゆくスタイルであるため、訴訟の経過が鮮明な印象をもって実感される点が貴重である。従来の法制史研究を補い、具体化する意味があると考える。

江戸時代庶民の法意識は高かった

まず、渡辺教授は、江戸時代の「百姓」につき、兼業を含め、漁業、林業、商工業等に従事する人々をも含み、また、村の正規の構成員として認められた者〔厳密には家の戸主〕の呼称として、一つのステイタスシンボルだったともいう。以下、「百姓」という言葉はこの意味で用いる。

百姓の全体としての知的水準は、識字率や計算を含め、世界的にみても相当に高く、その上層には、土地の知識人や指導者的人物、また、江戸や他藩の武士階級にまで広いネットワークをもつような人物も、まま存在した。

そして、訴訟（後記のとおり、村と村の間の訴訟）についても、村役人たち（村方三役。百姓である）のみならず、子どもたちも、将来に備え、過去の訴訟記録を教材に、訴訟とはどのようなものかを学んでいた。

これはなかなかすごいことだ。江戸時代の村役人の子らや優秀な子どもは、現代の大学生でさえその大半が学んでいないような事柄を学んでいたのである。まさに、高度な「法教育」といえよう。なお、一九世紀になると、実際の訴訟記録に代わり、さまざまな訴訟に対応できる雛形《ひながた》としての文例集（訴訟書類マニュアル）が広まった。

右のことからも想像されるとおり、江戸時代の百姓たちは、戦後の日本人について川島が評した（第6章）ように「裁判嫌い」ではなかった。むしろ、自分たちの利益が侵されたと考える場合には、1で述べたとおり訴訟は建前上は「権利」ではなく領主等の慈悲、恩情によって行われるものにすぎなかったにもかかわらず、積極的に訴訟を行っており、また、管轄裁判機関での適切な裁きが期待できない場合には、戦略的に、他の裁判機関への各種の越訴《おつそ》をも行っていた。たとえば、代官でなくその上役の、また、自藩大名の裁きではなく幕府の裁きを求めるなどである。

越訴は、建前上は違法だったが、実際には、繰り返したりしない限り処罰されることはなく、しばしば受理されてもいた。また、集団訴訟である国訴（農産物の自由販売を求めて起こされたそれが有名）では、千以上の村々が参加したことさえあった。これは、百姓に広範なネットワークや組織力がなければ、およそ不可能なことである。

もっとも、渡辺教授が取り上げている民事訴訟は、村と村の争いや村の内部における村政・財政問題等をめぐっての争いである。具体的には、村と村の争いでは、山林等がいずれの村に属するか、また、山林や農業用水等の水資源の利用権がいずれの村にあるかといったことが争われ、村の内部では、名主（村方三役の筆頭で村運営の責任者）による村の運営上の不正等について争われている。後者のような訴訟は、現代の行政訴訟的な要素をも含むといえよう。

一方、村落共同体内部における純粋な個人間の訴訟は、あまりなかっただろう。したがって、そこでは、個人としての権利意識は未発達だったと思われる。しかし、「権利意識自体がなかった」とまではいえまい。「社会構造の中で規定される限定された権利意識」であり、ヨーロッパ近代のそれのように普遍的なものではなかったということであろう。

訴訟の実際と現代日本にも通じる諸要素

取り上げられている個々の訴訟をみると、法学者・元裁判官の私でも熟読しないと正確に経過を追いにくいほどに、込み入ったものが多い。そして、当事者の言い分（現在でいえば準備書面あるいは陳述書）の法的な水準は、訴訟当事者のための宿屋で出廷はできないものの訴訟関係書類の代書、訴訟技術の指導を行った公事宿《くじやど》等の援助を受けただろうとはいえ、また、渡辺教授の前記各書物では内容が整理されているだろうとはいえ、相当に高い。法律の相違を捨象してみるなら、現代の弁護士が作成したとしてもおかしくないレヴェルの論理性を備えているものも多いのだ。

さらに、領主の異なる村どうしの境界紛争では、領主の役人たちも、みずからの側の百姓たちに種々協力し、家臣が百姓に偽装して鮮やかな弁論を行ったために相手方がこれに抗議して出廷拒否をした例まであったという。身分制度の厳しかった江戸時代にも、百姓と武士が、相当程度に近代的・機能的な連携プレーを行うような事態があったのだ。

そして、証拠調べや事実認定も、かなり綿密に行われている。

もっとも、最終的には、内済《ないさい》（和解）で終わっているものが多い。これは、判断官である武士のほうが、温情主義、パターナリズム（家父長制的干渉主義）の観点から、また、判断を行ってもそれに問題があったり紛争が収まらなかったりすれば武士の威信に傷が付くことも手伝って、和解を熱心に勧めたことが大きい。さらに、同じ村や隣村どうしの争いが多いため、百姓の側としても、禍根を残さないために基本的には和解が望ましかったことにもよる。もっとも、時代が下るにつれて、百姓は、「理非による裁判」を求める方向により傾いていった。

なお、江戸時代にも内済批判派はかなりおり、その議論の根拠は、①内済では理非に基づく判断が明確に示されないので結果的に強い者勝ちということになりやすい、②そうした不合理な内済が裁判に代わるものとして強要されるのはよくない、というものだった。私は、本書でも随時ふれるとおり、日本の裁判官の和解押し付け傾向には大きな問題があると従来から指摘してきたので、江戸時代の市民の間にも同様の批判があったというのはきわめて興味深い。

判決についてみると、審理自体は綿密に行っているにもかかわらず、黒白をはっきりつけない、あいまいで喧嘩両成敗的な色彩を帯びた内容になりがちだったようである。その理由の一つに、判断官である武士としては、武士の面子《メンツ》を保つことが何よりも大切だったということがある。これは、武士が内済を強く勧める動機と同様である。

そして、渡辺教授が詳しく描写する一九世紀の裁判の例では、判決言渡期日につき、百姓たちが判決に承服せず、抗議の声が上がるのを恐れて、そうした事態を避けるために入念な進行計画までが立てられている。抗議の声が上がったりすれば、お殿様の名声に傷が付き、役人たちの責任問題にもなるからだ（『武士に「もの言う」百姓たち』一九七頁以下）。こうした役人たちのパーソナリティーにも、現代日本の司法官僚裁判官に通じる部分がある。

なお、自白が決定的に重視された刑事訴訟のみならず、民事訴訟でも場合によっては拷問がありえたし、一時収牢等の措置もとられえた。また、訴訟費用はしばしば高額にのぼり、村を含めた関係者の大きな負担となった。訴訟に臨む村人、特にその代表者には相当の覚悟が必要だったわけである。

右の研究から学ぶべき事柄

前記の各書物における著者の意図は、「しいたげられた悲惨な人々」あるいは「無知ながら純朴な農民」というステレオタイプの百姓イメージ・神話・幻想を払拭し、リアルで生き生きとした百姓像を提示するとともに、江戸時代の百姓集団や村がもっていた知恵、先進的側面に光を当て、そこから学ぶべきだというものである（なお、同様の視点を戦国時代の村について示していたものとして、『戦国の村を行く』〔朝日新書〕等の藤木久志教授の著作があった）。確かに、江戸時代「市民」にこうした広範な知的蓄積があったからこそ、明治日本の「近代化」がまがりなりにも成り立ったのは事実であろう。

また、私たちは、江戸時代の村社会の長所をみることなくその全体を後れた社会として切り捨ててしまった結果、本来であればよく検討した上で継承してもよかった遺産（たとえば、実質的な法教育、身近な組織運営上の問題を司法等の手段で問う習慣）をも置き去りにしてきた一方、その短所（たとえば、司法の事大主義的、権威主義的なあり方や司法のイメージに関する同様のとらえ方）については、無意識のうちに、みえにくいかたちで引き継いでしまっている可能性があるともいえよう。

3　明治時代以降

明治時代から第二次世界大戦まで

明治時代になると、以上の伝統を一挙にくつがえすようなかたちで、怒濤のようにヨーロッパ法が流入してきた。しかし、これは、ご存じのとおり、治外法権、関税自主権の喪失等を内容とする不平等条約撤廃のために近代的法制度を整えることを第一の目的としていた。すなわち、法継受の目的が外向きでいびつだった。この当時から、外圧で動きやすい国だったともいえる。

また、日本人起草者たちは明治日本の底力を示す一典型として非常に優秀な人々であったとはいえ、やはり、急いで作られた制定法は、従来の日本法とはあまりにも異質なものであり、それを無理矢理押し込めるかたちで成立した傾向が否定できなかった。したがって、それらは、特に当初の時点では、人々が漠然と意識してきた、また、意識している法とは、かけ離れたものであった。

その一例が、民法領域における土地所有権制度の改変である。江戸時代には、建前上は田畑の売買が禁止され、また一つの土地の上に入会権《いりあいけん》等の多様な慣習的権利が重畳的に存在しうるなど、土地所有権の内容が近代法のそれとは多くの点で異なっていた。しかし、明治になると、絶対的で制約のない近代的所有権が確立され、同時に、これに対する課税制度も整備された。

こうした制度改変に伴い官有地とされた多くの山林では、近隣住民の入会権等の慣習的利用権も制限されてゆき、たとえばそのような旧制度と新制度の軋轢から、多数の訴訟も起こっている。

さて、これらの新たな法律、法制度の頂点に立った大日本帝国憲法は、形式的には権力分立を規定していたが、それら機構の統治権は、「神聖にして侵すべからざる万世一系の天皇」が総攬《そうらん》することとされていた。現人神《あらひとがみ》としての天皇のこうした大権は、イデオロギー的には天孫降臨神話によって正当性を付与され、「国体」の基本となった。忠君愛国の精神を浸透させるための「教育勅語」と「国家神道」がこれを補強した。

なお、権力分立といっても、司法については、裁判官が司法省の傘下にあり、行政の司法に対する優位は明らかだった。司法の機能も主としては治安維持であり、民事事件の比重は相対的に軽く、和解、調停重視の傾向が江戸時代からそのまま引き継がれた。

家族法の領域では、法制度としての「家制度」の確立が重要である。戦後の改革に伴いいくぶんかたちを変えつつも今日まで連綿と続いている戸籍制度は、家制度の基盤であった。明治の戸籍制度は、戸を単位とし、戸主には家の支配者としての大きな権限を与えていた。住民登録、親族登録、国民登録を兼ねる究極の身分登録簿といえる日本の戸籍は、ほかにあまり例のないものであり、これによって明治の「家制度」が可能になったともいえるのである。それは、税制、徴兵制、学制等々の国家的政策の基盤ともなった。

戦後約八十年を経た今日でさえ、人々は、「で、籍はいつ入れるの?」、「もう籍は入れたの?」と、あたかも婚姻イコール戸籍への記載であるかのような言葉遣いを無意識のうちに行っている。日本人の法意識の無意識領域には、家制度の根幹であった明治の戸籍制度が色濃く尾を引いているのだ。戦後、法学者たちが、「家破れて氏《うじ》あり、家破れて戸籍あり」との感想を漏らしたのも、自然な事態といえる。

以上から明らかなとおり、明治時代の法制度は、従来の法制度とは切断された近代的西欧的法制度を確立した側面とともに、天皇制や家族制という日本の固有法の要素をも含んでいた。しかし、注意すべきは、後者の固有法の要素については、明治政府の政治的イデオロギーによって新たに潤色、創作された部分、それに都合のいいようにねじ曲げられた部分も大きかったことである。欧米列強に対抗するために、キリスト教に代替する日本なりの「普遍的原理」として創作された傾向の強い明治天皇制、絶対君主的な立憲君主と擬似的な一神教の神を混淆したような明治天皇制については、特にそういえた。

こうして築き上げられた大日本帝国、その法制度には、後発的帝国主義国家として発展してゆく素地とともに、そのたががゆるんでくれば容易にファシズム化の波に飲み込まれてしまいやすい傾向もまた、当初から存在していたといえよう。

それでも、明治から大正の日本には、「西欧を規範としつつ日本固有の事情をも加味した近代」の確立を唱え続けた指導的知識人たちの理想に沿って、欧米近代を、特にその本質的な部分を咀嚼、消化してゆこうという努力があった。たとえば、夏目漱石や森鷗外の文学にもそれは明らかだ。また、ジャーナリズムの機能もそれなりに果たされていて、すぐれた部分の水準は高かった。

しかし、昭和期に入ると、第一次世界大戦後の政治・経済情勢の影響もあって、日本は、ファシズム化の動きが顕著な国の一つとなり、いわゆる十五年戦争への突入に伴い、未だ萌芽の段階にあった民主主義も、封じ込められていった。特に、大正末の一九二五年に制定された治安維持法は、明らかにファシズム的な性格をもっていた。それは、次第に強化され、規制対象のあいまいさと拡張解釈から、左翼のみならず自由主義者までをも根こそぎにし、沈黙させていったのである。

第二次世界大戦後

太平洋戦争敗戦後の法の継受については、占領国であるアメリカ法の影響が決定的であり、日本国憲法がその典型だ。もっとも、日本国憲法は、比較憲法という観点からしても、すぐれた、充実した内容をもっており、それは、内外の研究者も認めるところである。また、各種の制定法も、新しい憲法に沿うかたちで改正され、あるいは新たに制定された。

この時期における法の切断については、明治期のものに比べれば小さいとはいえ、近代・現代憲法の掲げる諸価値がそこで初めて確立されたという意味では、やはり、無視できない重みがある。侵すことのできない権利としての基本的人権、法の支配（統治する側の権力もまたより高次の普遍的な法によって拘束されるという原理）、手続的正義、人間の尊厳とそれを踏まえての法的な平等といった普遍的な法的価値・理念は、戦前の日本ではきわめて稀薄だったのであり、日本国憲法の下で、初めて明確に確認され、定着してきたといってよい。

しかし、ここでも、戦後の日本社会で、そのような理念が、本当に、十分に理解され、消化され、血肉化されてきたのか、またいるのかという問題は、今なお残っている。

そのことを示す一つの例が、日本の憲法学のわかりにくさ、その記述の内容に感じられるある種の「稀薄さ、何となくそらぞらしい印象」であろう。これは、基本的に、憲法判例の貧しさに起因するように思われる。

法学は判例によって発展する側面が大きいところ、今なお貧しい日本の憲法判例では素材が決定的に不足しているのだ。学者は、いきおい外国憲法学由来の難しい抽象論を展開せざるをえないが、何せ素材が乏しいので、その発展にも限りがある。私自身、「憲法が、人権擁護と法の支配のために、権力を厳しく規制、制限するものだ」ということを初めて実感として理解したのは、裁判官になってから留学準備のためにアメリカ法を本格的に学び始めた時のことだった。なお、アメリカに限らず、欧米諸国の憲法判例において、あらゆる人権が詳細に具体化、血肉化されている程度は、日本とは比べものにならない。

憲法を学ぶ学生は、法学部を始め非常に多いにもかかわらず、人権、法の支配、手続的正義等々の普遍的理念についての学生たちの認識は、それによって本当に深まっているといえるのだろうか？　それがいささか疑問なのは、前の章でふれた「アリスの法意識と現代日本人の法意識の対比」からも、明らかだろう。ことに、法の支配と手続的正義を踏みにじるハートの女王の暴言に、しつけのよい令嬢のアリスが、間髪を容《い》れず、また敢然として、「たわごとよ、ばかげてるわ《スタッフ・アンド・ナンセンス》」と激烈な抗議を行っていることを思い出してほしい。七歳の少女のうちにも、先のような理念は、萌芽的なかたちではあれ、単なる「知識」にとどまらないものとして、根付き、血肉化されているのである。一方、日本の学生が大学の憲法の講義や演習で「優」をとったからといって、必ずしも憲法の精神が身についているとはいえないのだ。

さて、戦後の法の切断についてもまた、その陰の「屈折」という要素は存在する。憲法制定過程と天皇制の扱いである。

憲法については、日本側の改正案がＧＨＱ（連合国軍最高司令官総司令部）によってしりぞけられ、改正は、アメリカ側の草案によることとなった。これについては、私は、基本的には、やむをえないことであり、また、結果としてはオーライの事態でもあったと考えている。残念ながら、頭の中が基本的に大日本帝国憲法のままであった日本側の起草者が戦後の日本にふさわしい案を作成できなかったのは、否定しにくい事実だからだ。

しかし、右のような事情はあるにせよ、占領国のスタッフが原案を作成することになったのも事実であり、この事実は、日本の戦後に長い尾を引いた影をも落とすことになった。

また、アメリカが、効率のよい占領政策の遂行という観点から、旧来の統治機構を相当に温存、利用して、間接占領という形式の統治を行ったことも、新しいものの下に実は古いものが残存するという二重基準状態を定着させる結果を生んだ。

占領政策のために利用された要素が最も大きいのが、天皇制の扱いであろう。アメリカが早々と天皇制存続の方針を固めたのは、占領政策をスムーズに進めるためだった。また、アメリカは、一方で日本の指導者たちの戦争責任を、法的根拠としては問題を含む極東国際軍事裁判（東京裁判）で問いながら、他方では、どうみても法制度上からは最高責任者としかみようのない天皇については、保守主義者、天皇制擁護論者の間にもけじめを付けるための現天皇退位論が相当に強くあったにもかかわらず、平和憲法の象徴としてそのままに在位させるという政治的決断を行った（小熊英二『〈民主〉と〈愛国〉――戦後日本のナショナリズムと公共性』〔新曜社〕等）。後者の事実が、法的・政治的責任一般に関する戦後日本人の意識に影を落としたことも、否定しにくいであろう。

第3章

婚姻、離婚、親権、不貞、事実婚、同性婚をめぐる法意識

この章では、法と人々の法意識との間に大きなギャップが生じやすい分野である家族法関係の事柄を論じる。

具体的には、1で婚姻と離婚、共同・単独親権を、2で不貞を、3で事実婚、同性婚をめぐる法意識につき、そのあるべき姿をも見据えながら検討する。

1　婚姻、離婚、共同・単独親権をめぐる法意識

離婚できる要件に関するルールと法意識

家族法は、次の二つの章で論じる刑事司法と同様に、あるいはそれ以上に、人々の意識と制度の間の溝が目立ちやすく、その間に激しいきしみの生じやすい分野である。

まず、婚姻（日常用語でいう結婚）と離婚のイメージについて考えると、日本では、婚姻は、意識的に言語化すれば、「好きになった者どうしの間で『籍を入れる』手続」という側面が強く、「相互の人格の、『名付けようのない者』の前での、結び付き、契約」といったキリスト教国における伝統的なとらえ方とは、相当に異なる。

離婚については、キリスト教国では非常に厳しく制限されていたのと異なり、日本では、伝統的に自由であった。「合わせ物は離れ物」、すなわち、合わせて一つにされた物はいつ

か離れるときもあるという離婚観である。人間の自然に近い離婚観ともいえる。

こうした婚姻、離婚理解の帰結として、日本人の法意識においては、離婚が、純粋に当事者間の問題と考えられやすい。その結果、「離婚においては弱者（子ども、夫婦についていえば多くの場合には妻）を守る必要があり、そのためには国家・社会が夫婦の紛争や離婚について後見的なチェックと介入をすべきである」との感じ方、考え方がきわめて乏しいという問題が生じる。

また、欧米では婚姻を契約として論理的にとらえるために、社会が変わり、考え方が変われば、一定期間の別居で基本的に離婚を認め（当事者の有責性は問わない）、一方、弱者を守るためには離婚給付や社会的ケアを手厚くするという方向に進みやすかった。社会の価値観が変われば、「契約についての考え方」もそれに応じて修正されやすいということである。

しかし、前記のとおり、日本では、婚姻、離婚が、情緒的に、かつ、公的な正義の及ばない「当事者の問題」としてとらえられる。したがって、権力をもつ保守派の「古い婚姻秩序維持」の価値観が、必要な改革を妨げあるいは改革のかたちをゆがめるという結果になりやすい。また、人々の法意識も、それをよしとし、あるいは大きな問題とは考えない場合が多い。

具体的にみてゆこう。

まず、離婚事由を定めた条文（民法七七〇条）が漠然としており、また、判例は、今でも、不貞、暴力、性格・生活上の問題等々の有責事由により婚姻の破綻を招いた当事者の離婚請求は認めないとの法理を、基本的には維持している。有責配偶者の離婚請求を認めないというこの判例法は、戦後当初は、有責な夫の身勝手な離婚請求を認めないという意味があったのだが、年月が経つうちに、離婚したい側が相対的な弱者である場合に、確実に離婚できるか否かの見極めがつけにくい、つまり、法的な予見可能性に乏しいという欠点のほうがむしろ目立つようになった。

また、離婚訴訟の前に調停を経なければならない（調停前置主義。家事事件手続法二五七条）ところ、これについての裁判官の関与は、江戸時代の訴訟における奉行の関与同様、原則として手続の最初と最後だけの形式的なものとなっている。この実務は本当をいえば問題が大きく、近年は、調停の方向性を決めるような場面では裁判官が出席するようになっている。しかし、なお、基本的には調停委員任せという傾向が強い。

調停委員については、本来は、弁護士等の法律家と心理・福祉等の専門家のペアが望ましいであろう。東京等の大都会では、それに近い人的構成が比較的確保しやすい。しかし、それ以外の地域では必ずしもそうではなく、元教師や警察署長、僧侶等を含めたいわゆる地域の名士が任命される例も多い。いずれにしても、適切な人材の確保は必ずしも容易ではない。そして、調停委員の質が悪いと、たとえば、法的な問題なのに「和」の観点から喧嘩両成敗的な「道徳的」説教をされかねないといったことになる。付け加えると、元教師や僧侶は一方的なお説教をしやすく、元警察署長は意外に当事者の話を聴く耳をもっている例があると聞いたことがある。

また、調停ではともかく離婚を成立させることだけに目がゆきがちで、後記のような離婚についての国家のチェックという側面がないがしろにされやすい。民事訴訟における裁判官の和解押し付け傾向と同様の問題だが、調停委員の場合、法的な正義の要請がより置き忘れられがちになりやすいといえる。

そして、調停不成立でようやく訴訟に至ると、被告側は、前記の判例法にのっとり、「原告のほうがより悪い（より有責性が高い）から離婚は認められない」という主張を必ずしてくる。その結果、当事者双方が、「相手のほうがより悪い」との不毛な主張立証合戦をしなければならないことになる。

結局、立場の弱い側（前記のとおり多くは妻）が、「子どもさえ引き取れればあとはほとんど何も求めない」というかたちで、場合によっては、子どもの親権は形式上夫に与え、子どもと暮らすみずからは事実上その世話をする監護権者の立場に甘んじるようなかたちで早期決着が図られる、そんな事態がまま起こりうる。協議離婚、調停離婚の場合だけでなく、裁判上の和解離婚でさえ、そうした傾向が否定しにくい。日本の女性は、結婚する場合、こうしたリスクまで考えておかなければならないのだ。

日本のシステムが「一定期間の別居で基本的に離婚を認め、弱者を守るためには離婚給付や社会的ケアを手厚くする」という国際標準へなかなか進みたがらないのは、そのようなケアの制度に乏しいという事情もあるものの、結局のところ、「古い婚姻秩序維持」へのこだわりという理由が大きいと思われる。また、これは家族法関連の実務・理論一般についていえることだが、裁判官のみならず、場合によっては裁判官以上に、弁護士や学者にも、慣れ親しんだ旧来の考え方に固執しがちな側面はある。

しかし、こうしたシステムは、実際には国民、市民のためになっておらず、かえって弱者の立場をより悪くする結果になっている。そのことをおわかりいただきたいと思う。三ないし五年間程度の別居で原則として離婚を認めて離婚要件についての予測可能性を明確にし、弱者を守るためには離婚給付や社会的ケアを手厚くするという制度改革が適切かと考える。

離婚給付に関する法意識

離婚給付については、子の養育費（監護費用）のほか、財産分与と慰謝料が認められている。しかし、財産分与は夫婦の協力によって築いた財産の半分であるところ、財産が小さければ少額にしかならない。慰謝料はいずれにせよおおむね少額だし、前記のような被告の「有責性」の立証が必要になる。

この問題を、欧米では、「離婚後扶養としての離婚給付」というかたちで解決している。簡単にいえば、「婚姻の破綻が配偶者各自の生活条件に生み出した格差の補償」ということであり、たとえば、妻が結婚によって失った職業上のキャリアをカヴァーするといった観点が重要になる。一時金で払いきれなければ分割とされる。具体的な制度は異なるものの、ヨーロッパでもアメリカでも、この負担は重く、履行確保のための方法も、厳しい制裁を含め確保されている。

しかし、これについては、日本では消極的な見方が優勢だ。法学部、法科大学院の女子学生にさえ、「特に相手が悪いわけでもないのに、そうした負担まで負わせるのは気が引ける」と言う人が結構いる。確かに、私自身も、裁判官時代には、「日本では離婚後扶養は現実性のない考え方かな」と思っていた。

だが、大学に移った後の調査研究により、離婚した妻とその同居の子どもたちの貧困率の高さや厳しい生活の実情を知るにつけ、やはり、日本でも、今後はこれを一定の限度で認めてゆくべきではないかと考えるようになった。婚姻期間がある程度長ければ、たとえば、夫の手取収入額の一年間分あるいはその半分程度のそれは、認めてもよいのではないだろうか。履行確保のための方法も、併せて整えられる必要がある。

以上のような制度を認めるなら、離婚慰謝料については、相手の悪性が特に高い場合を除き認めるとしても定型的な金額とし、それによって、離婚給付という側面でも有責性の主張立証はごく簡潔なもので足りることとする方向に舵を切ることができる。

読者の方々も、あなたが男性である場合には、あなたの娘や姉妹が離婚する場合のことをも念頭に置いて、考えてみていただきたい。

離婚についての国家のチェックと法意識

以上に述べてきた事柄とも関連するのが、離婚に際して国家、すなわち裁判所等がどこまでチェックを行うべきかという問題である。

これについても、日本人の一般的な法意識、感覚は、「離婚は当事者の問題なのだから、国家や裁判官の関与なんてやめてほしい。プライヴァシーに立ち入られたくない」といったものなのかもしれない。「きちんとチェックしてもらったほうがよい」という意見のほうが少ないであろう。私自身、裁判官時代には、「チェックが望ましいとは思うものの、日本人の法意識からすれば現実的ではない」と感じていた。

しかし、この論点についても、第5章で論じる冤罪被害者の場合同様、自分だけのことではなく、社会としてどうあるべきかという観点から、弱者、被害者となりうる人々全体のことを考えてみる必要があるのではないだろうか。

世界的にみても、少なくとも現在では、この点を国家がチェックするのが国際標準なのである。法務省が発表している資料（「父母の離婚後の子の養育に関する海外法制について」）によると、夫婦に未成年の子がいる場合、裁判所や公証人（たとえば、フランスの公証人の公的役割は、伝統的に、夫婦財産制度、遺産分割、不動産売買等への関与を含め、非常に大きい）等公的機関のチェックなしに当事者の合意だけで離婚できる国は、調査対象とされた二十四か国のうち、インド、タイ、中国、サウジアラビアの四つだけである。日本は、「これらわずかな国々の仲間」なのだ。

このチェックは必要である。なぜなら、そうしないと、結局、問題のある配偶者のいいなりのかたちで離婚するカップルが多くなり、他方の配偶者についてのみならず、子の福祉、利益という点でも、深刻な問題が生じやすいからである。また、それ以前に、無理矢理協議離婚届に署名させられる、逆に、離婚の条件として高額の金銭を支払わせられるなどといった、異常な事態まで起こりかねない。

実際、日本では、調停離婚でさえ、弁護士が付いていないと、ＤＶ被害者であった妻のほうが金銭を支払って離婚という例さえあると聞いたことがある。そんなことがあるのかと思われるかもしれないが、これは、調停委員や裁判官が調停を成立させることにのみ気をとられている場合には、起こりうる事態なのである。

「当事者の合意だけで離婚できる」ということは、いいかえれば、「相手が合意しないと離婚できない」ということであり、法的正義の感覚に乏しい調停委員だと、強いほうの合意を得るために、弱いほうの当事者の利益をつい無視しがちになる。また、調停の成立にしか関心のない裁判官だと、それを容易に見過ごしてしまう。「日本ムラ」の負の側面の典型的な表れである。

チェックは、①合意が本当に成立しているのか、②財産分与等の離婚給付は適切に行われるのか、③親権者には誰がなるのか、子の面倒は具体的には誰がみるのか、養育費とその支払、また子とともに暮らさないことになる親と子の面会交流等の事柄について適切な合意ができているか、といった点について行われる必要がある。

チェックの機関は、裁判所が本則（ほとんどの国でそうである）だが、裁判所の人的資源が不足しているためにほかの機関や弁護士に任せる場合でも、裁判所が、最低限の実質的な管理、監督は行うべきであろう。そうでないと、適切なチェックが行われないとか、逆に、チェック機関担当者の不当な押し付けとかいった問題が、必ず生じるからである。調停離婚についての現在の家裁裁判官の関与のようなレヴェルのものではだめだということだ。

この点についても、前記のとおり、読者が、自分だけのことではなく、社会全体についてまで視野を広げた上で、お考えいただければと思う。

共同親権論争と法意識

離婚後の父母の親権については、従来はいずれか一方が親権をもつという単独親権制度だったが、二〇二四年五月成立の家族法改正（二〇二六年施行予定）の結果、「父母の協議により共同親権か単独親権かを選択し、合意ができない場合には当事者の請求によって家裁が親権者を定める。裁判所は、DVや子への虐待を認めた場合などには単独親権とする。また、裁判所は、子またはその親族の請求により事後的に親権者を変更することができる」との内容に改められた。

共同親権制度導入の是非については、右の改正前に共同親権論争などと呼ばれる論争がさかんであったことから、ご存じの方も多いと思う。そして、この問題については、人々の意見、法意識が、なお、区々に分かれているといえよう。

そこで、制度のあるべき姿はいかなるものかという観点から考察してみたい。

私は、共同親権それ自体は、「両親と子、また両親どうしの関係に問題がない場合について認めるというのであれば」望ましい制度と考える。

もっとも、海外の制度は、家裁等関係機関の注意深い監視とケア（たとえば、一方の親に何らかの問題があれば家裁等関係機関が即時に介入して適切な処置をとるなど）とセットになっている。しかし、こうした関係機関の機能が十分に果たされていない（むしろ、手つかずというほうに近い）日本では、適切な制度的手当てのないままにこれを実施すると、さまざまな問題や紛争が生じるおそれが大きい。

これについては、妻の側がより被害を被りやすいとの意見が、法律家には多い。私自身も、離婚訴訟、人身保護請求、いわゆるＤＶ防止法による保護命令申立て事件等の経験から、妻のほうに問題のある事案も中には存在する（拙著『民事裁判入門――裁判官は何を見ているのか』〔講談社現代新書〕二一三頁以下）ものの、全体としてみれば、妻の側がより被害を被りやすく、その程度もより大きなものとなりやすいのが事実と考える。

典型的な問題例としては、「肉体的・精神的被害にあっている妻が、離婚の条件として共同親権をのまされ、それが、元夫が元妻に影響を及ぼし続けるための手段として利用される」というものが挙げられている。

人間どうし一般の関係で何が難しいといって、「第三者が関与しない二人だけの関係で、一方の側に性格的、人格的な問題がある場合のそれ」ほど難しいものはない。被害を受ける側は、徹底的な我慢と忍従を強いられる。日本のように、「結婚、離婚は当事者の問題」という意識が強い国では、ことにそうなりやすい。これについては、私は、これまでの法律家、学者としての経験から、断言できる。

こうした問題を考えるなら、従来の単独親権制度を維持すべきだったという考え方にも相当の理由はある。

また、離婚後共同親権の適切な実現に向けて第一歩を踏み出すということであれば、その要件については、とりあえず、「両親と子、また両親どうしの関係に問題がない場合」に限定するとともに、①②「当事者の申立てに基づき簡易な審理を行った上での家裁、あるいは家裁の監督する機関の許可」を必要とし、家裁等が当事者の意思や具体的な共同親権行使の方法（子が両親の間を、週末等に、あるいは相互に期間を決めて行き来するのか、一方とは面会交流のみが原則かなど）について確認した上でこれを認めることとするのが相当だったと考える。

父母間の協議だけで離婚後共同親権を認めると、前記のとおり、力関係の弱い者が合意を強いられるなどのことから種々の問題が生じて収拾がつかなくなり、ひいては子の福祉にも大きな悪影響を及ぼし、制度の信頼もそこなわれるおそれが否定できないからだ。

以上の前提として、日本社会では、今なお、法的な問題が生じ、かつ当事者間の対立が激しい場合に、双方が、とりあえず感情を離れ冷静に話し合って解決する伝統にはいささか乏しいという事実も、考慮されるべきであろう。なお、冷静な話合いによる解決については、「そういうことができる夫婦は、日本では離婚しません」とある家裁判事が述べていたとのエピソードを、家族法の専門家である水野紀子教授が引いている。確かに、これは、家裁裁判官ならではの鋭い感想であり、正しい部分を含むかもしれない（水野紀子「講座『日本家族法を考える』」〔法学教室四八七号以下に連載〕の第12回。以下、この連載については、単に、「水野第○回」として引用する。なお、水野教授は、著者の友人で時に意見交換をもする仲である）。

すでに述べたとおり、本来、離婚については、裁判所が必ず何らかのかたちで関与し、子の親権を含む重要関係事項について最低限のチェックを行うのが適切であり、また、「現在ではそれが明らかな国際標準」なのである。日本の家裁、また関連制度も、この方向に進むべきだろう。そして、「少なくとも、当事者に離婚後共同親権の希望がある事案についてだけは、必ず裁判所等が離婚に関与する制度」の構築は、そのための望ましい第一歩となったはずである。

家裁の問題

そもそも家裁は、関係諸機関と連動し、適切に各種の命令等を発して、家族、ことに弱い立場に置かれやすい者（主として、妻や子）を法的に守る役割を果たすべきものであり、欧米の制度は、基本的にそのように設計されている。しかし、残念ながら、日本の家裁は、現代の家裁として本来果たすべき右のような役割をあまり果たせていない。抜本的な制度改革が求められているのである。

近代法は、どの分野でも人々の自力救済を禁止し、国家が人々に代わってその権利を実現し、これを守るという原則によっている。たとえば、貸金の違法な取立てはできず、判決を得て強制執行の方法によらなければならない。そして、欧米では、戦後、この自力救済禁止の原則が、家族法領域でも徹底してきたといえる。

しかし、日本は、全くそうではなく、国際標準の「現代」が実現できていない。典型的には、DVを受け続けている妻が子（親が受けるDVを見ている子も、みずからへの体罰・暴言同様に、脳にダメージを受ける）を連れて着の身着のまま実家や兄弟姉妹、友人知人の家に逃げる、身を隠すという事態が、現代日本における「自力救済」の典型といえよう。加害者の行動が国家によってチェックされず、被害者のほうが逃げざるをえない。つまり、被害者の人権が国家によって実現されず、被害者がみずからこれを守るほかない。そのような意味で、自力救済的なのである。

これに対し、たとえばフランスでは、裁判官がすみやかに「DV保護命令」を発し、接触禁止、被害者の医療費負担、住居裁定（原則として従来の住まいは被害者側に割り当て、その費用は加害者がもつ）、住居所の秘匿と連絡先を弁護士等とすることの許可、親権行使、面会交流、婚姻費用（生活費）分担等について定める（水野第12回）。極端な違いのあることがおわかりだろうか（日本にも前記のとおり地裁管轄のＤＶ防止法はあるが、十分に機能していない）。

日本では、こうした制度の前提となる社会的インフラも脆弱である。裁判官だけをとってみても、現在の家裁は限られた申立てに受け身で対処しているだけのため、裁判官の執務負担も、たとえば民事事件担当裁判官に比べると軽いが、前記のような機能を果たさせることになれば、とても数が足りない。

対策としては、たとえば、弁護士等の在野法曹を一定期間以上経験した者の中から裁判官を選任する「法曹一元制度」により家族法に興味をもつ弁護士を多数採用する（法曹一元では、こうしたことも可能になる）、あるいは、現在の司法試験とは別建ての家裁裁判官任用試験を作り、法律科目の負担を多少減らす代わりに、家族法、少年法、また関連諸科学系科目も一部受験科目に含めることにして、家裁専門裁判官を多数養成する、といったことが考えられる。逆にいえば、そうした抜本的な改革でもしない限り、日本の家裁の機能不全は解消しにくい。

政治家の横暴

共同親権に関する改正準備作業については、離婚経験のある男性側が自民党の一部に強く働きかけたのがきっかけで始まった側面がある。そして、二〇二二年八月には、自民党の法務部会が、法制審議会の「中間試案」の取りまとめの段階で、「単独親権制維持と共同親権導入の両論併記とする案はわかりにくい。原則共同親権であるべきだ」などと文句を付け、その結果、法制審議会家族法制部会による中間試案の取りまとめが三か月遅れるという異例の事態となった。

しかし、法制審議会への諮問の結果として出てきた案についてであればともかく、中間試案の取りまとめ段階、つまり未だ審議中の段階で、政治家がその内容を気に入らないとしてくちばしを容《い》れるのは、専門家や世論の代表者等から構成される法制審議会部会の審議の方向性を左右しようという傲慢な態度というほかなく、きわめて異例のことなのである。

さらには、中間試案についてのパブリックコメント（意見公募）のためのサイトに掲載された法務省作成の資料（本来法務省が中立の立場で作成すべきもの）についても、共同親権推進派の自民党議員が作成にかかわっていたことが判明するという、これまた異例の事態が続いた。このような関与も、手続的な公正さを欠き、不適切であろう。

国会議員は、本来、本当の意味における国民の代表者として、公正、誠実、透明に政治家としての責任を果たすべきであるにもかかわらず、こうした行動を平然と行い続けるのは、信じがたく、唖然とするほかない。特に、前者の行為は、まるで、「後進国の出来事」である。法律家、学者として、「自民党の、政治家の劣化は、ここまで進んでしまっているのか？」との危機感をもたざるをえない。なお、この危機感は、私だけのものではなく、法律家、学者たちに一般的なものである。

改正法の含む問題

さて、前記の改正法は、「離婚後共同親権の希望がある事案についてだけは必ず裁判所が離婚の時点で関与する」という私見とは異なり、これを原則当事者の協議にゆだね、家裁の関与は、「問題がある場合の関係当事者による親権者変更の申立て」を待っての二次的なものにとどめている。しかし、このような制度によって、力の弱いほうの配偶者が離婚を成立させるために共同親権を受け入れさせられる事態がほぼ避けられるのか、いささか疑問を感じる。

私見を含め、協議上の離婚をする際には親権者の定めに関して中立的な第三者の関与を経なければならないとする考え方につき、法務省は、立法準備作業の最終段階において、以下のような説明をしている。

「そのような仕組みを設けることは、協議上の離婚の要件が現状よりも加重され、国民に大きな影響を与えることなどから、慎重な検討を要するとの意見があった〔したがって採らなかった〕」（「家族法制の見直しに関する要綱案の取りまとめに向けたたたき台」補足説明）

だが、これでは、ほとんど説明になっていないように思われる。要するに、「家裁の負担が重くなるからできない」というだけのことなのではないだろうか。

家裁事件数は、増加している事件は形式的な内容のものが多いとはいえ、近年増加傾向にある。私が裁判官だった十数年前には家裁裁判官はかなり余裕があり、定時に仕事が終えられるような状況だったが、今では、あるいは違うのかもしれない。しかし、私は、現在の家裁でも、私見によるようなかたちの関与、確認事務についていえば、その気になれば、可能ではないかと考えている。たとえば、右の事務については、弁護士から期間を限って採用する家事調停官（家事事件手続法二五〇条、二五一条）にも行わせることを可能にし、かつその数を増やすなど、若干の制度的な措置さえ採ればよいのである。

いずれにせよ、共同親権制度の運用については、家裁の主体的、積極的な姿勢が試される。その施行後に、改正法による家裁の事後的な対応では不十分なことが明らかになった場合（多くの被害者が出た場合）には、そのこと自体大きな問題であるのみならず、現在でも相当の批判のある日本の家裁のあり方に対する人々の信頼がさらにそこなわれる結果になりかねないからである。

2　不貞をめぐる法意識

不貞をめぐる法と法意識

夫や妻に不貞があった場合にその相手（第三者）に対しても不法行為に基づく損害賠償請求ができるか（第三者に対する不貞慰謝料請求）については、日本の最高裁はこれを認めている。

これについては、日本人の法意識では、「悪いことをしたんだから当然じゃないの？」と肯定する意見が多数のようである。最高裁判例は、それにそのまま乗っかっているともいえる。

しかし、これは、欧米では認められておらず、現代家族法の精神からすれば、疑問が大きい。

それは、第三者に対する不貞慰謝料請求肯定論の根底には、「配偶者をモノのように支配している、自分の所有物のようにみているという考え方」があるからだ。

同請求否定論の考え方をより詳しく敷衍《ふえん》すると、次のようになる。

「性というのは非常にデリケートで個人的な領域の事柄であり、したがって、貞操は法的にみればあくまで配偶者どうしの間での約束であって、配偶者が第三者と性交渉を持ったときに、配偶者はともかく、配偶者の感情の移った相手である第三者まで責め、そのプライヴァシーを暴くことは、配偶者を自分の持ち物のように意識していること、その意味で配偶者の人格を尊重していないことの表れ、ということになる」（水野教授と裁判官時代の私との対談「離婚訴訟、離婚に関する法的規整の現状と問題点――離婚訴訟の家裁移管を控えて」判例タイムズ一〇八七号四頁以下において私が要約した水野教授の見解。私の意見も同様である。なお、この対談では、離婚に関連する法的問題の多くについて、掘り下げた議論が行われている。水野教授のウェブサイトでも全文を読むことが可能）

最高裁判例は、肯定論の根拠として、「婚姻共同生活の平和の維持」を挙げる。

しかし、実をいえば、戦前から認められていたこの請求について最高裁としてこれを肯定した最初の判例（一九七九年〔昭和五四年〕三月三〇日）は、そのような根拠は示していなかった。右の根拠は、それよりもずっと後の判例（一九九六年〔平成八年〕三月二六日）で初めて示されたものなのだ（婚姻関係が破綻した後には不貞は不法行為にならないとし、その理由として、この請求は「婚姻共同生活の平和の維持」を目的とするものだから、と述べた）。実際には、最高裁は、「不貞は、日本の伝統的な婚姻秩序をおびやかすものだから罰すべきである」という保守派の価値観を共有し、あるいはそれに同調して肯定論を採ったのであり、それが、「本音」なのであって、先の根拠は、いずれかといえば後付けの理屈にすぎないのではないだろうか。

配偶者の不貞についてその相手に報復したいという感情をもつ人は多いだろう。そのような感情、不貞の相手を許せないという気持ちについては、自然なものともいえる。しかし、国家が「法」という形式でそれに応じることは、やはり問題が大きい。民事訴訟という一見そうはみえない形式の中に、薄められたかたちにおいてではあるが、戦後に廃止された姦通罪処罰に通じるような価値観を盛り込んでいるともいえるからだ。

まず、婚姻破綻後、あるいは離婚後の請求についてみると、第三者を法廷にさらして復讐したいという気持ちが動機になっていることが多く、これは、「法廷は復讐の場所ではない」という近代法の原則に反していないかとの疑いがある。

次に、原告が婚姻を継続したいと考えている場合には、原告はそのような訴訟を行うことでとりあえず目的を達成でき、かつ、「気がすむ」かもしれない。しかし、それが夫婦間の問題の本質的な解決につながるとは限らない。本来きわめてプライヴェートなものであり、自分たちの間で解決するほうが互いのためにも適切な「夫婦の愛情という領域」の問題を、夫婦の一方が国家の力を借りて強引に解決したことになるからだ。そのような事態は、かえって、配偶者との間に、冷たいものを、不信を残すことになりかねない。

実際、私は、あるヴェテラン弁護士から、この懸念を裏付ける話をお聴きしたことがある。法廷に紛争を持ち出したことで夫婦の溝が決定的になり、結局離婚に至ってしまったというのである。その弁護士は、右の出来事以来、こうした訴訟の依頼があれば、一次的には弁護士の行う相手との交渉による裁判外の和解の方法を勧め、そのような方法について承諾が得られる場合にだけ依頼を受けるようにしているということだった。

もっとも、第三者が、不貞行為にとどまらず、原告に対するいやがらせなどの不法行為を行った場合に、これに対する損害賠償請求が認められるのはもちろんである。実際、そうした事例も、まれにではあるが存在する。

なお、学説の中には、不貞については配偶者間でも慰謝料請求を否定する考え方もある。また、アメリカにもこれを否定する州があると聞く。日本の訴訟でも、配偶者間の不貞慰謝料請求は、不貞等による離婚を求める場合に離婚慰謝料の根拠として主張するかたちで請求する例はあるものの、当事者が婚姻を維持する意向をもっている場合にはまず例がない。つまり、その場合には、第三者に対してのみ慰謝料請求をするのが普通なのである。

だが、自分に対して直接に責任を負うはずの配偶者は訴えずに第三者のみを訴えるというのは、法的にみれば本来アンバランスであり、こうした部分にも、第三者不貞慰謝料請求の理論的な問題が表れているといえよう。

不貞の生物学的根拠と法のあり方

この項目では、次の章で論じる犯罪論の場合と同様、法学の枠を多少超えた地点から読者の方々にさらなる思考をめぐらせていただくための参考として、「不貞には生物学的な根拠があるのではないか？」という科学者たちの見解を紹介しておきたい。

『愛はなぜ終わるのか――結婚・不倫・離婚の自然史』〔ヘレン・E・フィッシャー著、吉田利子訳。草思社〕は、女性人類学者によるものである。人間の結婚の本来の形態は、継続的な一夫一妻制ではなく逐次的な一夫一妻制であり、より適応性の高い子孫を残すための繁殖戦略という観点からみれば、離婚や不貞にも生物学的な根拠があるとする。

『人間の性はなぜ奇妙に進化したのか』〔ジャレド・ダイアモンド著、長谷川寿一訳。草思社文庫〕は、多数の著書で知られる進化生物学者によるものである。「結婚、共同子育て、姦通の誘惑」という組み合わせをヒトという霊長類の特徴とした上で、ヒトがそのように進化してきた経緯を探っている。

つまり、生物学者ダイアモンドは、不貞に生物学的な根拠があるという人類学者フィッシャーの見解を、特に論じるまでもない当然の前提としている。そして、両者とも、動物や鳥類にも、そのような繁殖戦略はごく普通にみられるともいう〔動物学者出身のサイエンスライターによる『赤の女王――性とヒトの進化』〔マット・リドレー著、長谷川眞理子訳。ハヤカワ文庫〕は、以上の点につきより詳しく解説、考察し、「種」としての人間の性関係は、「一夫一妻プラス盛んな不貞」で特徴付けられるとする。もっとも、リドレーは、フィッシャー説のうち「逐次的一夫一妻制」部分については根拠に乏しいとして批判している。その後の自然科学者、進化心理学者等の見解もおおむね「一夫一妻プラス不貞」の線が共通理解のようである）。

また、夫婦の間の子とされている子が実は夫の子ではない「他人の子確率」につき、ダイアモンドは、英米の各種遺伝子鑑定の結果から、控えめにみても五パーセントという数字を出している。水野教授も、フランスのシンポジウム記録に出ていた六パーセントという数字を産婦人科医たちとの研究会で出したら、「それは少なくありませんか。一割くらいはいるのでは」という発言が出て仰天したという（水野第15回）。私がインターネットで調べてみたところでも、五から一〇パーセントくらいの数字が多かった。もっとも、小規模のアンケート結果などでは、びっくりするほど高いものもあった（なお、ダイアモンドも、別の著書『第三のチンパンジー――人類進化の栄光と翳り〔完全版上・下〕』〔長谷川眞理子・長谷川寿一訳。日経ビジネス人文庫〕では、「各種遺伝的研究の結果」としつつ、「約五ないし三〇パーセント」としている）。

ここでとくとお考えいただきたいのが、現代の人類は、性交時の避妊が可能であり、また容易でもあるということだ。それでもこの数字なのである。これらの子のかなりの部分は、母の意図した妊娠によって生まれてきたのではないだろうか。つまり、ついうっかり妊娠したという例は少ないのではないだろうか。夫以外の男性の子を産むのは、何といっても本来リスキーな事柄なのだから、過失の結果だけでこれだけの数字が出てくるとはとても考えられない。また、現代でさえこうなのであれば、性交時の避妊が難しかった時代には、右の数字はより大きかっただろうことが推測できる。

なお、不貞率については、鑑定によって確かめられることではないのでアンケートによるほかなく、また、文化による相違も一定程度あるものの、私の調べたところでは、まず二割から三割は固いというところかと思われた。政治家やタレントであれば、たとえ、「不倫、いけませんねえ。あるべき婚姻秩序をそこないます」などと演説やテレビで言っている人々をも含め、不貞率は、おそらく一般市民よりもずっと高いだろう（この点については、読者の多くも、同意されるのではないだろうか）。

もっとも、私は、だから不貞は許される、などというつもりはない。しかし、不貞に生物学的根拠があるとしたら、その事実は、不貞という人間の行為について省察する上での一つの重要な素材、前提とすべきではないかとは考える（なお、哲学者バートランド・ラッセルは、その『結婚論』で、「理性的な思考のためには、不貞、姦通といった道徳的な色合いの強い言葉を使わずに、『婚外性関係』といった中立的な言葉を使うべきだ」と述べているが、本書では、とりあえず、「不貞」という言葉を用いておく)。

つまり、前記のような科学的知見は、法が不貞に立ち入るには謙抑《けんよく》的であるべき、あくまで当事者間の関係に限定すべき、との考え方を補強するものといえよう。また、法によって守られるべき法律上の親子関係は、遺伝上の親子関係とは異なる、つまり、「他人の子確率」に該当する子についても、その子たちの嫡出子(法律婚カップルから生まれた子)としての身分は基本的に守られるべきであるという現代民法の考え方を補強するものともいえよう。民法は、婚姻中に妻が懐胎した子は夫の子と推定しており、この推定により、夫は、原則として、子の出生を知った時から三年以内に嫡出否認の訴えを提起することによってしか父子関係を争えない(民法七七二条以下。なお、この訴えは、子、母、前夫にも認められる)。

フランスでは、「遺伝上の親子関係は『燃えている石炭のようなもの』であり、DNA鑑定によって安易にそれを明らかにすることは、子の利益、福祉を害する」との観点から、そのようなDNA鑑定についての規制が厳しく、民間事業者による消費者向け遺伝子検査は刑事罰をもって禁止されている(水野第15回)。

現代家族法という領域には、第三者不貞慰謝料請求や親子関係DNA鑑定といった一見単純にみえる事柄についても、その背後に、解き明かすのがきわめて難しい難問が控えていがちであることは、読者の方々も、心にとどめておいていただきたいと思う。

3　事実婚、同性婚をめぐる法意識

事実婚に関する法意識

「事実婚」は、法的には、「法律婚すなわち民法上の婚姻によって成立する夫婦関係」ではない「事実上のカップルの関係」をいう。

もっとも、近年は、単に同棲しているだけではなく、地方自治体に「世帯合併届」を提出して世帯を一つにし、住民票に、いずれかが世帯主、他方が「妻（未届）」あるいは「夫（未届）」と記載されるようになったカップルの関係を指す言葉として使われているようだ。これにより、保険、年金等の関係で法律婚の夫婦と同等に扱ってもらえる効果がある。しかし、本書では、法的な側面を重視し、事実婚を、「法律婚ではない事実上のカップルの関係」全般を広く示す言葉として用いる。

さて、事実婚に関する日本人の法意識は、どのようなものだろうか。

これについては、もう二十年以上前のことになるが、こんな経験があった。

普段はほとんど見ないテレビを、休憩時にたまたまついていたので漫然と見ていた。大学生たちが、さまざまな議論をしていた。そのうち、事実婚と法律婚の選択というテーマになったときに、それまで常に筋道立ててしゃべっていた、賢そうな女子学生が、「あなただったら学生で事実婚しますか?」と問われて、「やっぱり同棲だと親が悲しむから、籍は入れたいと思います」と答えたのである。そこで、私は、「うーん、親が悲しんじゃうから、籍は入れるのかあ。そうかあ」とちょっとショックを受けた（女性法律家であれば、さらに大きなショックを受けたかもしれない）。その学生の一般的な思想や人格のでき方と、同棲はやっぱり……という発言部分には、非常に大きな落差があったからである。一般的に近代・現代の国際標準からは離れた部分の目立つ日本人の法意識の中でも、家族法関係のそれは、ずれ、溝が非常に大きいのだ。

もっとも、今では、事実婚は、結婚前の、うまくゆくかどうかのお試し期間といったかたちをも含め、かつてに比べれば合理的かつドライに利用されるようになってきた。

とはいえ、事実婚の統計的な割合は、今でも、欧米よりはるかに低い。さらに、生まれてくる子に占める婚外子（法律婚カップルでないカップルから生まれた子、非嫡出子）の割合についてみると、日本は、約二パーセントと突出して低い。ちなみに、フランスが六割弱、スウェーデン、デンマークが五割台、イギリスが五割弱、アメリカが四割弱、ドイツが三割台である（二〇一六年）。

欧米に婚外子が多い理由としては、①事実婚に対する社会的差別意識がなくなったこと、

②子を産み、育てやすい制度、また子を保護する制度が相対的に整っていることのほか、③「登録パートナーシップ制度」のような婚姻類似の地位を当事者に与える制度が一九九〇年ころから作られるようになったこと、も挙げられよう。

登録パートナーシップ制度は、婚姻外カップル（事実婚のカップル）の権利保護のために国家が創設するものだが、法律婚ではない。法律婚よりも簡便で、解消についてもより容易な例も多い（たとえばフランスのパクスは一方当事者の意思により解消可能）が、法的な保護は法律婚とほぼ同等である。その間に生まれた子は、普通の事実婚の場合同様に婚外子となるが、父親が認知すれば、相続を含め、嫡出子（法律婚カップルから生まれた子）と同等の法的地位が保障される。法律婚に準じる選択肢として、きわめて合理的なものといえよう。

対象は同性カップルとする国がより多いものの、フランスのパクスのように同性・異性の双方を対象とする国もある。パクスの場合、立法の主目的は同性カップルの保護だったが、実際の利用数は異性カップルのほうがずっと大きく、婚姻に準じる使いやすい制度、もう一つの選択肢として定着しているという。

フランスでは一九八〇年代に出生率がかなり低下したが、その後大きく出生率が回復し、一時は二・〇の大台を超えた。これについては、子育て支援策の充実強化の影響が大きいものの、一九九九年のパクス創設もその一因であろうといわれている。

同性婚と人間の性的指向

同性婚は、現代家族法の難問の中でも代表的なものの一つだろう。

日本では、同性婚については、これまでに論じてきたような日本人の法意識から想像されるところとはかなり違って、アンケートでも、賛成する人の割合が近年急増し、七割前後に至っている。しかし、同性婚は、少なくとも、同性婚カップルが子をもつことを認めるかという点については、考えておかなければならない多くの問題を含むのが事実で、学者の間でも、意見は大きく分かれている。保守なら反対、リベラルなら賛成といった、「パッケージ的に結論が決まってくるような単純なテーマ」ではないのだ。

なお、同性婚という言葉の使い方にも留意しておく必要がある。「同性婚」は、法的には、法律婚（普通の結婚）の一形態として同性間の婚姻をも認めることを意味する。これに対し、前記のとおり、「登録パートナーシップ制度」は、国家が創設するものではあるが、法律婚ではない。ところが、日本のメディア等が「同性婚」という言葉を用いる場合、この相違をきちんと認識していない例が結構多いように思われる。

さて、以上を前提に、まず、性のあり方という問題から考えてみたい。

精神医学を多少なりともかじった人なら知っているとおり、フロイトは、幼児は多形倒錯的であると主張した。多形倒錯的とは、性的嗜好《しこう》が一定していない状態をいう。いわゆる性的倒錯・逸脱（その範囲は時代と文化によって大きく異なり、フロイトの時代には今よりもずっと広かった）は、右のような幼児期性欲のさまざまな衝動が成人期までに統合、解消されることなく残存したものであって、特定の性欲発達段階への固着、退行とみなしうるとフロイトは考えたのである。

今日では、このような考え方は受け入れがたいものとされるだろう。しかし、フロイトが、未だ性的な偏見がきわめて根強かった時代に、人間の性的嗜好が本来多方向なものでありうるのを当然の前提として右のような立論を行ったことは、やはり、先駆的だったといえるのではないだろうか。

これは私見にすぎないが、人間の性的指向、嗜好は、本来、一定の方向性をもたない、どこに進んでゆくかわからない性質をもっていると思う。それは、人間の性というものが、本質的には人間の高度な意識の所産であり、その意味で「幻想」だからである。この「幻想」は、本書が批判し、なくすべきであると主張しているような「幻想」とは質が異なる。この性から「幻想」を取り除いてしまったら、あとに残るのは、寒々とした裸のリビドーだけである。

多数派とは異なる性的指向、嗜好をもつ人々がいつどのようにしてそれを自覚したかを調査した結果によれば、「あるときふとそれに気付いた」というのがほとんどであって、特定の原因など見出せないというのも、先のような事実の帰結だと思う（高名な脳神経科学者エリック・R・カンデルも、その著書『脳科学で解く心の病――うつ病・認知症・依存症から芸術と創造性まで』〔大岩ゆり訳。築地書館〕において、「解剖学的な性別と性自認の不一致であるトランスジェンダーについては生物学的な基盤が明らかにされつつあるが、『性的指向』についてはほとんど何もわかっていない」と述べている）。

以上の理由から、私は、人間の性的な指向、嗜好自体については、それがどのような方向のものであっても価値的な差はなく、したがって、差別されるべきではないと思う。また、他者を傷付けない限り、批判されるべき事柄でもないと考える。

同性婚に関する法意識、同性婚と子の問題

しかし、同性婚は、そうしたプライヴェートな領域を超えて、同性のカップルに、異性のカップルと全く同等の「法的な保護、権利」を与えることができるかという問題を提供する。そこには、考えておくべき重要な事柄がある。

具体的には、前記のとおり、同性婚カップルが子をもつことを認めるかという問題である。たとえば同性婚を法律婚の一形態として認めるのであれば、子をもつのを認めるのも

当然ということにならざるをえない。しかし、その場合、子について、その意思や自己決定権を含む権利、利益、福祉一般をどう考えるべきかが問われる。特に、子の意思については、生まれてくる時点では、どうにも考慮しようがない（後になってその子がどう受け止めるかは、その時点では、知りようがない。芥川龍之介の『河童』における河童の子は、生まれてくるかどうかの選択権を与えられているが、人間の子はそうではない）。

また、同性カップルの場合、その間に自然に生物学的な子が生まれることはありえないから、養子縁組で他人の子をもらうのでなければ、何らかの「生殖補助医療」が必要になる。女性カップルであれば第三者男性の精子が必要になるし、男性カップルであれば、第三者女性による「代理懐胎」が必要になる。

「代理懐胎」については、大きく分けて、①代理出産する女性の卵子を用いる出産（精子を子宮に注入する人工授精により懐胎させる。「伝統的代理母」。代理母自身が「遺伝的な母」である）、②別の卵子提供者の卵子を用いて体外受精した胚を移植された女性が代理出産するというかたち（「借り腹型」、「ホストマザー型」。遺伝的な母は卵子提供者であって出産女性ではない）がある（なお、以上の「用語」は必ずしも一律に定まっているわけではない）。

いずれにせよ、出産者にも卵子提供者にも肉体的な負荷がかかる（卵子提供者も、排卵誘発剤の後遺症に苦しむ例がある）。そのため、貧しい女性がお金のためにやむなくこれを行うという事態になりかねず、特に、発展途上国の女性が利用される例が問題になった。

したがって、ヨーロッパの多くの国などこれを禁止する国も多く、認める国でも何らかの規制があり、日本では、日本産科婦人科学会の指針によって、医師による自主規制が行われている。国家レヴェルにおける規制をしていない国はアメリカくらいだ。アメリカでは、生殖補助医療全般につき、医療と同様、商業化の傾向が強い。今なお「宗教国家」という側面をもちながら他方「進歩主義大好き国家」でもあるアメリカならではの事態である。

同性婚に限らず、不妊の異性カップルの場合にも用いられるＡＩＤ（非配偶者精子による人工授精）については、それによって生まれる子たちがその事実を知ると、激しいアイデンティティークライシスにおちいる例がある（異性カップルの場合には、その事実は、知らされなければわからない）。この問題は、子の側からみた、いわゆる「自己の出自を知る権利」の問題として現れてくる（以上につき、水野第17回および第４回）。

なお、生殖補助医療一般については、不妊の異性カップルの場合にも用いられるので、日本でも、同性婚の問題とはとりあえず切り離して、その規制、認められる場合の限定等につき、議論が行われてきている。

同性婚カップルが子をもつことを認めるか、その場合の生殖補助医療についてはどこまでを認めるかという前記の問題については、民法・家族法学者の間でも、法律実務家の間でも、諸外国でも、意見が区々に分かれている。

たとえば、水野教授は、前記のような子の視点や生殖補助医療の問題点を重視すれば、親の欲求のために先のような方法で子を誕生させることを、「法的な権利」として認めるべきではないとの理由から、同性カップルに子をもつ権利は認められないことを強く主張している（水野同前。「生まれてくる子の福祉」という言葉を用いている）。一部を引用しておきたい。「〔……〕妊娠出産は母体に生命の危険のある重い負荷であり、新しい生命にとって、出生はこの世への強引な拉致《らち》である。〔……〕親希望者の欲求のために、代理懐胎という母胎の搾取を利用したり、他人の生殖子を用いて新しい命を誕生させることは、たとえその欲求がどれほど強い望みであったとしても、権利とはいえないと私は考える」

これに対して、現代では婚姻外カップルのかたちは異性、同性の場合を含め多様なものがあり、同性婚の場合に子をもつ権利を認めても子の福祉や利益に反するものではないとの見解もあり、各論者の、基本的なヴィジョン、また議論の重点の置き方の違いに伴い、議論が錯綜している状況にある（たとえば、山下純司「婚姻外カップルの多様性と法的保護の論理」『現代家族法講座第2巻　婚姻と離婚』〔日本評論社〕は、いずれかといえば肯定論に近い見解であろう。樋口範雄『アメリカ家族法』〔弘文堂〕は、英米法学者によるものだが、アメリカの判例と議論を紹介するとともに、基本的にそれらを肯定している)。

私は、この論点については、現時点で明確な結論を出せない。前記のような諸問題について十分な検討を行い、また、これを認めた諸外国における制度検証の結果をみた上で、さらに、それらを踏まえての社会における十分な議論をも経て、決せられるべき問題と考えるからだ。

ただ、民事訴訟法・関連法社会学の研究者であり元法律実務家である私としては、この問題については、「親の、子をもつ権利」、「子の側の福祉、利益、アイデンティティー等」の二つの要素のうちまず重きを置くべきなのは、後者だと思う。どのようなかたちで生まれ、どのような親をもつかを、子は、その時点では選べない。つまり、子にとって、生まれてくることには前記のとおり選択の余地がなく、その意味では強制的な事柄であるのを念頭に置いた上で、子の福祉、利益等々が考慮されるべきであろう。

なお、この場合の子の福祉、利益について、「その子にとっては生まれてくること自体が利益なのだから何も問題はない」とするような見解も、たとえばアメリカにはある。そういう見解を採れば、「いかなる生殖補助医療も母体に明白な害がない限り全面肯定」ということになるが、これは、あまりにも短絡的な見方であろう。

また、同性婚が認められてからの歴史はまだ浅く、そうした国々の一部ではごく近い時代まで同性愛が刑事罰の対象でさえあったことを考えると、法制度・社会的制度としての検証が未だ十分でない部分もありうると思う。

特に、かなり慎重な議論の行われているヨーロッパについてはともかく、アメリカについては、二〇一〇年には二十九の州が憲法で同性婚を禁止、十二の州が州法で同性婚を禁止していたのが、二〇一五年の連邦最高裁判決ですべての州において同性婚の禁止はできないとされ、法的論争がただちに決着したという(前記『アメリカ家族法』)。一方、その同じ連邦最高裁は、女性の人工妊娠中絶を認めた一九七三年の有名な「ロー対ウェイド事件判決」を二〇二二年に破棄し、人工妊娠中絶を認めるか否かを各州の権限に委ねた。これにより各州が州法によって中絶を禁止することが可能になり、現在では、州の規制は区々に分かれている。

同性婚と妊娠中絶とは別個の問題とはいえ、広義の家族法分野における重大問題に関するこの判断のアンバランスはいささか異様であり、「進歩主義指向性国家」かつ「宗教国家」というアメリカならではの事態であろう。近年におけるアメリカの思想や制度論も、さまざまな意味で激しい分断を抱えるアメリカ社会同様ある種の危うさを含んでおり、その意味で無批判に追随できるものではないと、私は感じている。

たとえば、アメリカでは、同性婚カップルの子について何ら育ち方に問題はないとの調査結果が出ているといわれる。しかし、子の福祉、利益、アイデンティティー等の事柄については、本来、それらの子が成人してからの追跡調査をも含む長期間の調査や研究を経てみなければ、明確なことはいえないはずである（置かれた状況は異なるが、たとえば、異性カップルのＡＩＤ〔非配偶者精子による人工授精〕利用により生まれた子らがみずからの苦しみを訴え始めたのも、彼らが大人になってからのことである）。また、こうした調査や研究については、どちらの方向へのバイアスもかからないように、各分野の専門家による議論と慎重な設計を経て行われる必要がある。規模についても、大きなものでないと正確な結果は望めない。

もっとも、日本でも、同性カップルが直面している種々の問題に関する当面の解決策として、登録パートナーシップ制度を国家レヴェルで創設することは考えられよう。これによって認められる法律上の効果は、財産関係、身分関係、年金・税・労働・医療関係等多岐にわたり、その結果として、前記のような問題の多くが解消されるからである（なお、日本の地方自治体や民間企業が設けている登録パートナーシップ制度は今でもあるが、これは事実上のものであって法的なものではなく、その効果も区々に異なっている）。

ただし、登録パートナーシップ制度を認めれば、種々の理由から同性カップルの間にもその間で養育される子が不可避的に現れ、その子らの保護の要請等から、結局、同性婚を法律婚として承認する結果に至る可能性もある。登録パートナーシップ制度創設について考える際、そのことは念頭に置いておく必要があろう（フランスでは、前記パクスにつき、当初は養子縁組で子をもつことも認めていなかったが、やがてこれを認めるに至り、また、同性婚を法律婚として認めるに至った。もっとも、ゲイカップルによる代理懐胎の利用については、なお厳しい姿勢を維持している）。

また、登録パートナーシップ制度の対象には、同性カップルだけでなく異性カップルも含めることも考えてよいであろう。カップルの多様な選択を認めることによって社会の風通しがよくなり、婚外子も普通のことになって、これに対する偏見もなくなるという効果がある。出生率向上にもつながる。また、保守派の「日本の伝統的婚姻秩序」の影響を基本的には免れていない日本人の婚姻観や家族法全般に関する法意識が変わるというメリットもあるだろう。

しかし、ここでも子の問題がネックになる。日本では、子は生まれれば手厚い保護や保障によって基本的に順調に育ってゆくことが可能であるという前提が未だ整っていないからだ。なお、水野教授からは、婚外子であっても、両親が望んだ子だけが生まれるようにすれば問題はなく（前記のとおり、父親が認知すれば法律婚から生まれた子と同等の法的地位も保障される）、そのためにはきちんとした性教育が必要なのだが、日本ではそれが未だ十分に行われていない、との指摘もあった。

家族法領域の諸問題と日本人の法意識

さて、ここで日本人の法意識の問題にフォーカスを戻すと、たとえば同性婚に関する前記のようなアンケートの結果が、「はたして、こうした事柄についての日本人の十分な理解を前提としているのだろうか？」という懸念は覚える。

私は、日本の新聞・テレビ等の記者で、たとえばこの章、あるいは本書全体で私が論じるような事柄について深く理解し、考えた上で報道を行っている人は、皆無とまではいわないが、ごくごくわずかだと確信している。インターネットを見ても、出てくるのは、きわめて浅いレヴェルの記事ばかりで、たとえば同性婚と子の問題についてみると、私の探索力では、賛成にせよ反対にせよ、深い議論を見付けることができなかったのが事実である。

日本は、①未だ、選択的夫婦別姓制度すら実現しておらず、最高裁も、本来の保守性と、例によっての権力に対する忖度《そんたく》から、こうした初歩的な問題にすら踏み込まず、②離婚についての国家によるチェックの制度がなく、③DV被害者である配偶者や子が国家から十分な保護を受けることができず、④離婚において弱い立場に立った妻や子についての国家のケアや夫の補償がろくに行われず、⑤したがって、母子家庭の貧困率はきわめて高く、⑥離婚後共同親権制度が実現したものの、これに関する適切かつ十分なチェック制度の確保にも一定の懸念があり、⑦配偶者に対する人格的支配を前提とするとみざるをえないような第三者不貞慰謝料請求が認められ、弁護士や裁判官の多数派はそれに特に疑問をもたず、さらに、⑧若い女性が、仕事をもちながら子どもを育てることはもちろん、仕事と結婚を両立させることすら必ずしも容易ではなく、⑨出生率も、韓国や台湾ほど極端ではないとしても危機的に下がってきている、そのような社会である。

なお、選択的夫婦別姓制度については、ついに、自民党の一大スポンサーであるあの経団連までが、その早期導入を政府に求める提言を公表した（二〇二四年六月一〇日）。内々に意向を伝えても動かないことがわかっているから公に提言を行ったものではないかと推測される。「日本の立法、司法、行政は一体何をしているのか」ということであろう（なお、自民党は、同年七月一八日に、休眠状態となっていた党の作業チームでの議論を再開した。制度の導入に賛否両論があることを踏まえ、「期限を設けずていねいに」議論を進めてゆく方針を確認したとのことである）。

以上のような事態を踏まえるとき、あなたは、それでも、「日本は、何だかんだ言っても家族法領域でも先進国の一つなんじゃないかな」との「法意識」を維持し続けることができるだろうか？

先のような低いハードルさえ未だに越えることのできない国、社会が、たとえば同性婚と子の問題のような難問を現段階で適切に解決するのは難しいのではないかとの危惧は、抱かざるをえない。一メートルのハードルすら飛び越せないでいる人が一メートル五〇センチのハードルに挑んで足を折るような結果にならないとは言いきれないのだ。

「登録パートナーシップ制度の創設は適切だが、同性婚を法律婚の一形態として認め、同性婚カップルが子をもつことを認めるかについては当面結論留保」という私の前記見解の基盤に、そのような現状認識があるのは事実である。

最後に、これは共同親権論争でもあったことだが、同性婚を含め家族法領域の諸問題は、党派的な対立を生みやすい。政治的、イデオロギー的な右派や左派が関与すると、そうした傾向がさらに助長される。そうすると、相互にひたすら相手側の非を言い立て、揚げ足をとるという不毛な論争におちいってしまい、適切な解決が導けなくなる。最低限、みずからの思想、信条、心情はひとまずおき、異論にも謙虚に耳を傾ける姿勢が必要であろう。

各種の「運動」自体は広い意味における政治の領域の事柄かもしれないが、「適切な法的規制・規整のあり方」については、それとは一線を画し、客観的で緻密な議論と調査の上に打ち立てられるべきものだからである。

第4章 犯罪と刑罰・死刑をめぐる法意識

——応報的司法から修復的司法へ

この章と次の章では、刑事司法をめぐる日本人の法意識について、法学にとどまらない社会・自然科学的な観点をも交えつつ、掘り下げた分析を行う。

具体的には、この章では、1で犯罪と刑罰の意味、その概念の相対性等の基本的事項を論じ、2で刑罰の根拠となる自由意思について考え、3で刑事司法の目的に関する二つの考え方、応報的司法と修復的司法について解説し、4で究極の刑罰である死刑の相当性について論じる（なお、法律用語では「意志」ではなく「意思」を用いることもあり、本書では、この言葉の表示はすべて「意思」で統一している）。

1　犯罪と刑罰の意味——実は、考えてみるべきことが多い

犯罪と刑罰

まず、犯罪と刑罰の定義から始めてみたい。

犯罪とは刑罰法規の定める構成要件に該当する違法かつ有責な行為、それに対して刑罰が科される行為であり、刑罰とは犯罪を犯した者に対して科される法的制裁である。刑罰の根拠ないし目的、機能としては、一般国民との関係での犯罪抑止すなわち「一般予防」と、犯罪者自身との関係での将来の犯罪抑止すなわち「特別予防」が挙げられる。これら

については、4の死刑に関する節でより詳しく論じる。

さて、それではどのような行為が犯罪とされるのか。誰がそれを決めるのか。これは社会の成立とともに始まる古い問いだが、国家の成立後においては、国家が刑法という法形式で規定することになる。

近代・現代刑法の基本原理としては、法益保護主義、責任主義、罪刑法定主義が挙げられる。

法益保護主義は、原則として、他人の法益を害する行為を刑罰の対象とするものである。刑法は少なくとも直接的に倫理・道徳の保護を目的とするものではないから、倫理・道徳には反するが他人に被害を及ぼさない行為については、原則として刑罰の対象とはしないとする。個人主義、価値の多様性を前提とする現代社会に呼応した考え方である。

責任主義は、行為者に犯罪の責任を問いうること（非難が可能であること）を犯罪成立の要件とするものである。正当防衛、緊急避難（自己や他人の法益に対する差し迫った危難を避けるためにほかに方法がない場合に、やむなく他人の法益を害する行為）、責任無能力者の行為について犯罪としないのは、いずれも責任主義の帰結である。

罪刑法定主義は、法律によりあらかじめ犯罪として定められていた行為についてのみ犯罪の成立を認めるものであり、憲法上の要請である（三一条、三九条）。

以上のとおり、犯罪と刑罰を規定するのは国家だが、具体的にどのような行為が犯罪とされるのかについては、民主主義国家では、為政者のみならず国民、市民一般の法意識にも大きく影響される。犯罪と刑罰については、為政者や刑事司法権力がメディアを巻き込んでのさまざまなかたちのキャンペーン、人々に対するアピールが行われやすいことの一つの理由はここにある。民主主義国家では、国民の多数が処罰すべきでないと考える行為を国家が犯罪と規定するのは難しいからである。

犯罪概念の相対性、犯罪と道徳

前記のとおり、何が犯罪であるかは、国家が規定する。しかし、この規定は、国家やその社会のあり方に大きく影響されるため、国によって相当に異なりうる。特に、道徳的、応報的な感情論を背景に「犯罪化」が行われるような場合については、そのひずみが大きくなりやすい。

欧米でも、国によってはごく近い時代まで、同性愛を犯罪としている例は多かった。たとえばドイツでは一九九四年まで男性同性愛は犯罪だった。アメリカで同性愛を犯罪とする州法が連邦最高裁によって違憲とされたのは、実に二〇〇三年のことである。

アメリカの過激なピューリタニズムは禁酒法を生んだが、それは、密造酒の製造、供給に関連して多数の犯罪を発生させたのみならず、密造が生み出す莫大な利益に目をつけた犯罪者集団をも肥え太らせる結果に終わった。大失敗である。

以上のような国による対処の仕方の違いが現代の世界で大きい犯罪としては、薬物に関するそれが挙げられよう。

アメリカは、前の章でもふれたとおりある意味では今もなお宗教国家・宗教社会であり、同時に一方では無制約で衝動的な自由の発露をもよしとする社会である。そのように根本的に大きな矛盾をはらんだ社会であるため、ドラッグが蔓延する一方、これを「悪」として根絶しようという動きも強く、「ドラッグ戦争」の状況がずっと続いている。しかし、それはやはり、組織的な悪徳犯罪者集団を巨大化させる大きな弊害を生んでおり、また、ドラッグ対策としてもあまり成功していない。

ポルトガルでも、アメリカ同様にハードなドラッグの蔓延が大きな社会問題となっていた。しかし、ポルトガルは、アメリカとは異なり、こうしたドラッグの摂取、自己使用それ自体は基本的に治療や社会的ケアの対象とし、逮捕や刑罰からは解放するとの方向性を採った。広い意味で違法ではあるができる限り刑事処罰の対象とはしないという意味での「脱犯罪化」である（なお、「合法化」ではないことに留意。たとえば、治療に協力しない場合の制裁の余地はある）。これについては、過激な理想論ではないかとの声もあったが、結果としては、おおむね成功している。

元々、ドラッグの摂取自体は、他を害する行為を誘発する例も中にはあるとはいえ、第一次的、直接的には、行為者自身を害するものであって、他者を害するものではない。したがって、脱犯罪化の余地はあり、これを基本的には犯罪とせず治療や社会的ケアの対象とするほうが、より効果が上がりやすいのである。また、ドラッグ供給者の側を肥え太らせる結果についても、より避けやすい。

道徳的感情とドラッグ対策を直結させているアメリカの方法と、これらをとりあえず切り離し、問題を客観的、科学的に見据えて緻密な代替システムを構築したポルトガルの方法、いずれがより適切であろうか。私は、後者ではないかと考える。

以下は薬物犯罪とは離れた一般論になるが、日本でも、人々の道徳的、応報的感情にそのまま乗り、場合によってはそれをかきたてるような方向のキャンペーンが行われて犯罪化や厳罰化が進む例、そのような方向性が、特に近年は目立つように思われる。しかし、それは危険なことである。法益保護主義徹底の観点から、「犯罪化や厳罰化は慎重に」というのが、人権や個の尊厳の尊重、プライヴァシーの尊重等にかなった方向性であり、たとえばヨーロッパ諸国は、もちろんゆらぎはあるものの、基本的にはこの方向を採っている。

日本の権力、システムが好む犯罪化、厳罰化政策には、統治と支配を容易にするため、人々を為政者にとってのよき国民であらしめるためという動機の透けてみえることが多い。しかし、たとえばヨーロッパ諸国は、そのような目的のために刑法を利用することは控えているのである。

犯罪化や厳罰化については、ミクロな視点だけではなく、右のようなマクロな視点からのチェックが絶対に必要である。というよりも、マクロな客観的・合理的視点からの考慮がまず必要であり、また、道徳と刑法はとりあえず切り離して考えるべきなのだ。さらに、大きな社会問題となった個々の事件、事例についても、そうした客観的な枠組みの中に置いた上で評価すべきなのである。

にもかかわらず、日本人の法意識は、こうした側面では、非常に感情的なレヴェルで動きやすく、それが為政者による社会防衛や秩序維持のために利用されやすい。残念ながら、それが、否定しにくい事実である。

犯罪の社会学的なとらえ方

さらに、法学の枠を超えて社会学的な視点からみると、そもそも、犯罪は、社会からなくすことが可能なものなのか、また、単純に絶対的な悪ととらえることができるのか、という疑問も立てられる。

社会学以外の分野ではあまり知られていないことなので聞いた人は驚くのだが、『自殺論』等で名高い「科学としての社会学」の確立者エミール・デュルケームは、「犯罪は社会の存続のために必要なのだ」と説いた。犯罪の処罰という「儀礼」がなければ人々の規範意識は衰弱してしまい、社会の結束が薄れて社会は解体してしまう、だから、社会は、必要があれば、特定の行為を犯罪と規定することによってそれを積極的に作り出すのである、と。

デュルケームのこうした考え方は、学問的にみてもかなりの問題を含むが、犯罪と社会の関係について一つの鋭い問題提起を行ったものであることには間違いがない。

現代アメリカの社会学者ランドル・コリンズの次のような見方（私が要約したもの）は、デュルケームの犯罪論を洗練したものともいえ、より説得力がある（『脱常識の社会学〔第2版〕――社会の読み方入門』〔井上俊・磯部卓三訳。岩波現代文庫〕）。

「犯罪の処罰儀礼は、支配の構造を固めるという意味で社会に結束をもたらしているのであり、この儀礼は、特に、社会の支配的な集団ないしその影響下にある人々に強く訴える。この儀礼によってそうした人々の連帯感が強化され、また、社会的優越感が満足される。犯罪への怒りが社会のヒエラルキーを正当化し、犯罪の処罰儀礼によって結束を保っている社会は、階層化された社会である。このような意味で、犯罪は、常識的に考えられるよりもずっと深く、社会構造の中に組み込まれている」

なお、コリンズも、政治的に過激な学者というわけではない。社会学の一つの役割は社会に醸成される幻想を暴いてそれを客観的に見詰めることであり、デュルケームと同じく、ただそれを実行しているにすぎない。付け加えれば、法社会学的な考察において私が行っていることも同様である。

実際、映画や小説を含め、犯罪がその中で行われる芸術作品の割合は、異常なほど大きい。『羊たちの沈黙』（映画ジョナサン・デミ。原作トマス・ハリス）の快楽猟奇殺人犯レクター博士のように、広く記憶されている登場人物もいる。

しかし、一方、特に通常のエンターテインメントにおいては、「犯罪は報われてはならない」、つまり、最後には罰を受けるというのが鉄則になっており、例外は、たとえあっても作品としてあまり成功していない。レクター博士がこの点で特例となっているのは、彼が、人間というよりもホラー映画における悪の化身に近いことによるのだろう。

こうした事実も、犯罪と社会構造の深い関連を示唆していよう。

さらに、犯罪をなくすことは実際上難しく、せいぜい少なくすることができるだけだというのも事実である。監視カメラとＡＩの併用による犯罪の同時発見、また、ゲノム編集、関係遺伝子の改変等により犯罪の発生率をきわめて低いものとすることも、未来には可能になるかもしれない（前者については、少しずつ実現しつつある国、地域も存在する）。しかし、そうしてできあがる社会は、ユートピアというよりもむしろディストピアであろう。それでもなお残る犯罪傾向については、それが確認できた段階で、つまり犯罪の実行を待たずに拘束や治療措置の対象にするということになれば、これはもう、まごうかたないディストピアである。

また、犯罪と統治システムの関連という観点からは、次のような事柄についても考えてみていただきたい。

①一回きりの軽微な犯罪でも厳しく処罰される一方、サイコパス（良心、罪の意識、共感の能力等を著しく欠く反社会的性格者。アメリカに多い）あるいはこれに準じる人々（独断専行やハラスメントの多い、いわゆる「ちょっと」困った人々で、実をいえば準サイコパス。日本ではこちらが多い）による継続的な加害行為については、きわめて例外的な場合を除き犯罪にならないのはなぜか。②すでにドラッグの例についてみたとおり、いわゆる被害者なき犯罪（売春、賭博、ドラッグ、単なる武器の所持等）については国によって対処の仕方にかなりの相違があるのはなぜか。③たとえばタバコも健康に顕著な害があり依存性も高いという意味では一種のドラッグといえるが、それとマリファナ等との間に決定的な一線が引かれているのはなぜか。

それぞれの国における社会構造のかなめとなるような「支配・統治のための秩序」、

「人々の法意識」と「犯罪」との緊密な関連が、おわかりになるのではないだろうか。

2　自由意思と責任

刑法の基礎にある自由意思の問題

前記のとおり、刑法は、人が「自由意思」によって犯した罪を犯罪とするのであり、責任無能力者の行為は罰せられない。刑事未成年者（十四歳未満の者）の行為も同様である（刑法三九条一項、四一条）。これが、近代刑法の基本原理の一つ、責任主義だ。いいかえれば、自由意思が刑事責任の根拠なのである。

しかし、脳神経科学の研究が明らかにしてきたところによれば、この「自由意思」は、かなりの程度に虚構である可能性が高い。一九八三年に行われた有名な「ベンジャミン・リベットの実験」は、人間がある行為を行おう（たとえば、指を動かそう）と決意する約〇・三五秒前に脳波にはそれに対応した電位変化がすでに現れていることを示した。この実験結果によれば、私たちが特定の行為を行おうと意識する約〇・三五秒前に、脳はすでにその決定を行っていることになる。

この現象については、たとえば、進化によって形成された脳の仕組みが、「意思」という主観的感覚をあえて遅延させ、脳における指令の「発生」と同時ではなく、指令の「実行」と同調させるように働いているためではないか、との説明がなされている。

さらに、人間の行動を決定しているのは、「脳」そのものであり、それより後れてやってくる「自由意思」によって自己決定がなされているという人間の感じ方（自分は他からの束縛や支配を受けずにみずからの責任において自己決定しているという私たちの感じ方）は、進化の過程で作られた「虚構」であるとの解釈も存在する。

リベットの実験自体はこうした実験としては初歩的なものであり、右のようなその解釈についても、初見では奇妙な考え方と感じられるかもしれない。しかし、私たちが日常の小さな行動を決定して行う（たとえば、椅子から立ち上がる、テレビをつける、メニューから料理を選ぶ）際のみずからの状態を、外側から正確に観察してみていただきたい。もしかしたら、「自分が自由意思によってそれらの行動を決めている」というよりも「脳が決めた行動に適宜意識が随伴している」というほうが正しいのではないだろうか。少なくとも、そうした疑念は感じられるのではないだろうか。

こうした認識を背景に、神経科学者デイヴィッド・イーグルマンの『意識は傍観者である――脳の知られざる営み』〔大田直子訳。早川書房〕は、①人間の行動の多くは意識のアクセスできないレヴェルで決定されており、意識はせいぜい調整者的な役割しか果たしていない、②脳のあらゆる部分はほかの部分とつながったネットワークであり「すべてに先立つ自由意思」は幻想にすぎない、③人間の行動に影響を及ぼす遺伝的・環境的要因、あるいは個々の脳の物理的特性は、個人の力では左右できない、といった前提に基づき、自由意思と責任主義に基づく現在の刑事法学と裁判のシステムを批判する。つまり、「自由意思が幻想である以上、責任主義もその根拠を失う」というわけだ。彼は、こうした考え方に基づく学際的研究を提唱し、また、刑罰の制度は報復ではなく犯罪者の更生に重点を置くべきだという。

また、哲学においても、古くから、決定論と自由をめぐる論争がある。これには、哲学上の難問《アポリア》の多くにありがちな「議論のための議論」という側面がなきにしもあらずで、実にさまざまな見解がある。しかし、少なくとも、「人間の自由と責任の根拠は普通に考えられているほど堅固なものではない」ということは、それらの共通の前提となっている。そして、こうした議論からも、犯罪に対する対処の方法（刑罰や各種の更生プログラム）については従来の既成概念にとらわれずに柔軟に取り組んでゆくべきだという主張は出てきている（高崎将平『そうしないことはありえたか？——自由論入門』〔青土社〕は自由論について整理した書物の一例。もっとも、読むには多少の哲学的素養が必要）。

控えめにいっても、刑事法学や刑事司法は、意識、自由意思に関する自然科学の探究の成果に相当の注意と関心を払い、犯罪と刑罰に関する古典的な考え方を適宜修正してゆくことが必要なのではないだろうか。

次の3では、以上の考察を踏まえ、犯罪者処遇のあり方についての新しい考え方を紹介したい。

3 応報的司法と修復的司法

犯罪者と私たちを隔てる壁は、本当は薄い

日本では、近年、犯罪者を私たちの世界から締め出す方向の言論、言説がますます増えている。特に、インターネットには、「犯罪者のために税金を使うな。犯罪者の弁護をする弁護士もその仲間だ」などといった、ヒステリック、エキセントリックなものまでがみられる。「犯罪者は、『正常な私たち』とは異なる人々。犯罪者は社会の敵。犯罪者の『味方』をする人々は偽善者」といった考え方、法意識が、私の若かったころよりもずっと強まってきていると感じられる。しかし、これは、少なくとも、先進国標準となりつつある理性的、合理的な犯罪、刑罰のとらえ方とは、全く逆の方向である。

私は、元裁判官の学者で長年実務と研究を並行して行ってきたリアリストだから、性善

説も性悪説もとらない。また、死刑制度を採用しない場合に厳重に隔離しておくほかないような超サイコパス的犯罪者も、ごくまれには存在すると思う。そのわかりやすく誇張された例が前記のレクター博士だが、ある犯罪学の教授は、日本の重犯罪者の中にも、わずかな会話によって熟練の刑務官さえ思いのままに操作、洗脳してしまうため、接触については厳重注意とされている人々もいる、と語っていた。

だが、今挙げたようなごく限られた例外を除けば、犯罪者と私たちを隔てている壁は、実際には、きわめて薄いものである。裁判官としての経験（私は民事系裁判官だったが、刑事・少年事件についても短期間担当したほか、日米での相当期間の修習・傍聴等の経験はあるし、民事事件でも、犯罪者や犯罪者的傾向をもつ人々がからむケースは、そこそこ存在する）に基づいていえば、私たちは、生まれた時から、刑務所に代表される社会からの隔離施設の塀の上を歩いているようなものだと思う。塀の中に落ちるか外に落ちるかは、突き詰めれば、遺伝と環境の紙一重の違いで、また、単なる偶然によっても、左右されうる。

人間は社会的動物であり、その基本的な性格や性行は、実際には、遺伝と子ども時代の環境によって、かなりの程度に規定されている。これは、人間行動を研究する自然科学者のほとんどが認めることだと思うし、私もそう考える。

ここまで書いても、なお自分には関係のない話だと感じられる読者もいると思うので、ここで、あなたに、一つの質問をさせていただきたい。質問を読んだら、一度読む手を休め、その問いかけについて、しばらくの間内省を試みていただきたい。

「あなたが、これまでの人生の中で一番すべきではなかったと思う行為を、できる限り正確に思い出して下さい。

思い出したら、もし、自分が現在の記憶を失ってもう一度白紙から生き直すことができたとして、その行為をせずにすませられたかどうかを、考えてみて下さい」

いかがであろうか？　私は、「その行為をせずにすませられたと思う」と答えられる人の割合は、かなり低いのではないかと思う。そして、そのことを踏まえてお考えいただきたいのが、もしも、この「一番すべきではなかったと思う行為」が犯罪に該当する行為だったとしたらどうしますか、ということである。

私は、一度、講義の最中に学生たちにこの質問をしたことがあったが、ほとんどの学生がどぎまぎとした表情を顔に浮かべ、うち数人の顔がさっと青ざめたのを記憶している。その後この質問をするのは差し控えることにしたほどに、学生たちの受けた衝撃は大きかったようにみえた。

たとえば、現代文学・実存主義文学の古典であり、既成の価値観にとらわれずに生きている一人の若者の人生を描いたカミュの『異邦人』の主人公ムルソーは、たまたま知り合った悪友とある夏の真昼に海岸の散歩に出かけ、悪友の敵との間で起こった喧嘩に巻き込まれ、衝動的に殺人を犯し、その結果、倫理観を欠く悪質な殺人犯として死刑を宣告される。しかし、ムルソーがたまたま先の悪友と知り合うことがなかったなら、変わってはいるが控えめで目立たない勤め人、個人主義者として、一生を無事に過ごした可能性も高いだろう。一方、ムルソーの時間が先の夏の真昼にまで巻き戻されたとしても、彼がやはり殺人を犯してしまう可能性も高いのである。

そして、こうした事態は、現実の事件でも、さほど珍しいことではない。人間の運命は、遺伝や育ち方のみならず、偶然によって左右される度合も非常に大きいのだ。

応報的司法と修復的司法

近年、欧米を中心に、修復的司法（Restorative justice）という考え方が強くなってきている。これは、刑事司法を、犯罪に関係する当事者、すなわち被害者と加害者が、コミュニティーの支援をも得ながら被害の回復と実質的な贖罪を実現してゆく過程としてとらえる。また、犯罪によって生じた被害をそのような方法で回復することにより、過去ではなく将来志向の正義の実現を図ろうともする。従来の応報的司法（Retributive justice）の対立概念として提起された考え方である。

それは、被害者の権利とニーズの実現を中心とするが、同時に、加害者の再社会化をも図り、犯罪によってコミュニティーが被った傷をも修復することをめざす。それは、被害者の実質的利益を保護しようとするが、被害者の応報感情を保護するものではない。被害者の応報感情を基盤とする被害者保護は、かえって社会を破壊しかねないと説く。

以上のとおり、修復的司法は、被害者の問題を、コミュニティー、社会、公共の問題として、広い視野からとらえる。そこにおいては、加害者が非難されるのではなく、その行為が非難される。この点では、東洋的な「罪を憎んで人を憎まず（孔子の言葉と伝えられている）」の精神に近い考え方ともいえよう。また、加害者には、悔悟や赦しの可能性が与えられる。

修復的司法の考え方、思想自体については、国や地域によってかなりの相違があるが、具体的な取り組みの方法とその目的の共通項は、大筋以下のようなものである。

①被害者の被害を、金銭的にも、精神面でも、可能な限り回復しようとし、損害賠償を促進する。また、加害者に適切な社会奉仕活動等を行わせる。②被害者ないしはその家族と加害者各自の自発的な意思があれば、仲介者を交えた出合いの場を作り、相互の対話により、被害者が負った精神的な傷の回復を図るとともに、加害者の自覚と悔悟をも促す。右の仲介者としては、権力的機構の人間ではなく、コミュニティーの利益を代表できるよ

うな訓練を受けたスタッフが当たる。③右のような取り組みの目的は、一次的には被害者の癒やしである。しかし、二次的には、コミュニティーの癒やしや加害者の更生をも図る。

応報的司法においては、往々にして、被害者は無視され、加害者は受動的に罰されるだけだった。しかし、修復的司法においては、問題の解決のために、双方に、手続における主体的な役割が与えられる。被害者はその権利・ニーズが認められ、加害者には責任の受容と広義の贖罪が求められるのである（以上については、高橋則夫『修復的司法の探求』〔成文堂〕等の記述を参考にさせていただいた）。

いかにも理想論のように聞こえるかもしれない。しかし、修復的司法は、ヨーロッパ大陸でも英米系諸国でも実践され、多くのプログラムが成果を上げており、後記のようなノルウェーにおける行刑《ぎょうけい》政策も、修復的司法の一環として行われることで成功したといえる。ノルウェーの再犯率が劇的に下がったことについては、修復的司法のいう加害者の罪の自覚と悔悟、贖罪の効果が大きいと思われるのだ。次にふれる書物の中の加害者らの言葉からも明らかなとおり、常習的な加害者やよくない環境で育った加害者にとっては、「罪の自覚」自体が非常に難しいことが多いのである。そして、罪の自覚に乏しければ再犯は起こりやすい。

なお、日本にも刑事訴訟への被害者参加制度自体は存在する。具体的には、被害者やその遺族は、裁判所の許可を得て刑事訴訟に参加し、被告人の情状について証言する証人や被告人について一定の範囲の尋問や質問ができ、認定されるべき事実や法律の適用について意見を述べることができる。被害者参加人については、旅費・宿泊費等の給付や国選弁護の制度もある。

しかし、日本における被害者参加制度については、必ずしも被害者のためになっていないとの評価もある。その理由としては、本来修復的司法の一環として行われるのが適切といえるそうした制度が、むしろ被害者の応報感情をかきたてるようなかたちで理解、運営されてしまう傾向のあることが指摘されている。

修復的司法については、「西鉄バスジャック事件（十七歳の少年によるバス乗っ取り事件）」の被害者で、少年に切り付けられて重傷を負った山口由美子さんの言葉が参考になる（加害と被害の問題につき若者たちと犯罪加害者、被害者との対話を通じて考察した書物『根っからの悪人っているの？――被害と加害のあいだ』〔坂上香《さかがみかおり》著。創元社〕に収録されている）。

山口さんは、みずから希望して、少年院で加害少年と面会した。院長は、自分の首をかけてこの面会を実現させた。彼女は、少年の謝罪に対し、「これまでつらかったね。大変だったね」、「つらかったただろうけど、あなたを許したわけじゃない」、「やったことはやったこととして悪いから、許してない。ただ、これからの生き方を見てるからね」との言葉を返す。これらの言葉は、首をかけてこの面会を実現させた院長の姿勢とともに、修復的司法の精神のエッセンスを示すものといえよう。

分断と怒りと憎しみが人々の間に広がっており、人口に占める投獄者の割合がロシアや中国より高いアメリカ（二〇二四年において人口一万あたり五三・一人だが、これでも従来よりはかなり低くなっているのである）においてすら、修復的司法の精神は、少しずつ浸透しつつある。それなのに、仏教的精神のよき伝統であった「赦しの思想」がかつては人々の間に根付いていた日本で、いつまでも、典型的な「応報的司法」だけが行われている事態は、はたして適切だろうか。それは、結局は、被害者全体のためにも、社会のためにも、ならないことなのではないだろうか。

読者の方々には、そのことを考えていただければ幸いである。

日本における犯罪者処遇のあり方

この章でここまでに論じてきた事柄、つまり、犯罪は社会構造との関連で決まること、犯罪の社会学的なとらえ方、刑事責任の根拠とされる自由意思は自然科学的にみれば虚構としての性格が大きいこと、犯罪者の多数と私たちを隔てる壁は本当は薄いこと、欧米では修復的司法の思想が広まりつつあることなどを考慮すれば、日本においても、刑罰を含めた犯罪者処遇のあり方については、今後、抜本的な改革が必要とされるのではないだろうか。

まず、犯罪者の処遇については、全般的に、応報よりも犯罪者の更生、再社会化に重点を置くべきである。現在の刑務所・少年院制度では、実をいえば、被収容者の再犯率は、刑務所はもちろん、少年院についても、収容の結果として下がっているとは必ずしもいえないのだ。たとえば、アメリカでは、犯罪少年の家庭環境のよしあしが施設収容の決定に大きく影響する。その結果、黒人少年の施設収容率は、白人少年のそれよりも顕著に高くなる。しかし、特に黒人少年の場合、施設収容の結果、かえって犯罪的集団とのかかわりが固定化し、不良者とのレッテルが貼られ、その結果、再犯率も高くなっている。

量刑については、日本では裁判官と裁判員（裁判員が裁判に参加するのは一部の重大事件）が決めているが、これについては、アメリカ等の例にならい、犯罪者の社会復帰の可能性にも目配りした専門家、調査官の意見を参考にしながら、裁判官が、量刑とその後の処遇の方針についてきめの細かい決定を行う方法がベターであろう。また、実刑判決については、見せしめ的でほかの事案と対比して不公平なものは、避けるべきである。なお、日本でも、少年審判では、家庭裁判所調査官が関与し、その意見が重視される。

具体的な刑罰ないし処遇についても、実刑とその執行猶予に限るのではなく、たとえば地方自治体、医療施設等々における「相当期間の社会奉仕活動の制度」は採り入れてよいと思う。政治家や企業経営陣の犯罪、重大な交通事故加害者等の場合を含め、実刑まではともかく、単なる執行猶予ではなく、社会奉仕活動に打ち込ませることで罪を償わせかつ自己の責任を自覚させるとともに再犯防止を図るのが望ましい場合は、かなり多いからだ。たとえば週のうち一部の日に通常の勤務と並行するかたちでこれを実施するようなことも可能だろう。

福島第一原発事故に関する東京電力の旧経営陣三名の無罪判決（二〇一九年地裁、二〇二三年高裁）については、私は、有罪とすれば執行猶予が付けにくいこともあずかっての「政治的判断」ではないかとの印象をもっているが、たとえばこの種の事案については、まさに、「長期間の社会奉仕活動」という形態の刑罰ないし処遇が適しているのではないだろうか（なお、控えめにみても同事故が「想定外」のものとはいえなかったことについては、この問題に取り組んできた科学ジャーナリストが過去の裁判記録、事故調査報告書を始めとする膨大な資料に基づき全体像をまとめた分析、添田孝史『東電原発事故10年で明らかになったこと』〔平凡社新書〕参照。特に、「東北電力や日本原電〈日本原子力発電株式会社〉は東京電力と異なり津波を想定し、日本原電は現状では津波に対応できないとの認識の下に対策を進めていた事実が近時明らかになった」旨の記述には注目すべきである）。

行刑の具体的執行方法にも、工夫や改善の余地は大きい。

日本における身体拘束刑の執行のあり方についてみると、ガンマニアが高じた拳銃の不法所持等により初犯であるにもかかわらず懲役三年の実刑判決（「見せしめ」の要素が強い判断のように思われる）を受けた漫画家花輪《はなわ》和一《かずいち》の作品『刑務所の中』〔講談社漫画文庫〕に詳細に描かれているとおりである。鉄の規律により徹底的に厳しく自由を制限するものであり、また、こうした方法は、その後も基本的には変化していないようだ。また、少年院でも、自由の制限は相当に厳しい。

しかし、そこまで被収容者の自由を制限する必要性、意味が本当にあるのかは疑問であろう。たとえば、一九八二年に私が見学したアメリカの少年院は、どうみてもその内部は寄宿制の学校にしか見えず、少年たちの自由時間も長く、場合により刑務所に準じるような厳しい規律で少年たちを処遇する日本のそれとは全く別物の施設、処遇であった。少年院についてみれば、四十年以上前のアメリカでさえ、すでにそうだったのである。日本の場合、処遇のあり方は非常に厳格だが、そうした処遇によって被収容者がどれだけ改善、更生しているのかには、いささか疑問も感じる。

ノルウェーでは、刑罰とその実施につき抜本的な改革が図られた。個室は簡素なビジネスホテル並み、家族との面会も自由、そして、午前は作業や勉強にゆき、午後は自由時間となる。個室に外から鍵がかけられるのは夜間のみである。なお、ノルウェーには、死刑はもちろん、終身刑もなく、刑期も相対的に短く、最長で禁錮二十一年である。

こうした処遇は、刑務所収容の目的を徹底して受刑者の更生と社会復帰に絞ろうという考え方による。「刑務所と外の生活の差が小さいほど、服役生活から外の世界への移行が容易になる。刑務官の仕事は、よき隣人を育てて釈放することだ」という思想による。

注目すべきは、こうした破格の方法により、かつてあった受刑者の逃亡や刑務官殺害等の事件がなくなったのみならず、六〇ないし七〇パーセントだった再犯率が二〇パーセント前後まで劇的に減少し、北欧諸国の中でも最低水準になっていることだ（下関市「人権アラカルト」四七号等）。

ノルウェーでは、被害者支援も非常に手厚く、多額の補償金や弁護士の支援が受けられる。このことと、ヨーロッパ全体における死刑廃止の動向もあってか、ノルウェーでは、殺人被害者の遺族の間にも、「加害者を憎む心は消えないが、その死までは望まない。いつの日か、自分のしたことの意味をよく理解してほしい」、「たとえ苛酷な処遇をしても、それで受刑者がより悪くなるのでは意味がない」といった声があるという。

ノルウェーの刑事司法は、全体として、修復的司法の思想に沿った方向のものといえよう。

刑罰を科することの目的には応報と教育があるが、犯罪者処遇の実際では、前記のとおり、応報が主な目的になっていることが多い。日本は、その傾向が非常に強い。けれども、その結果として、先にも述べたように、刑務所や少年院の経験が、被収容者を改善しないばかりかむしろ悪い影響を及ぼすことのほうが多くなっているというのが、大半の国における法律家の共通認識ではないかと思う。私も、近年のノルウェーの例を知るまでは、刑務所による受刑者の教育改善は実際上難しく、むしろ実刑を少なくして前記のような社会奉仕活動を充実すべきだと考えていた。しかし、ノルウェーが「北風と太陽」の寓話のような発想の転換で受刑者の再犯率を劇的に下げてしまった実績をみて、固定観念に縛られない発想がいかに大切かを思い知らされた。

「国民性」や「法意識」の違いもあるので、ノルウェーのようなやり方がどの国でもすぐに実現できるものではなかろう。特に、悪質かつ残虐な犯罪についてまで最初からこうした処遇でよいのかという疑問は、私自身、感じないではない。しかしながら、再犯率を劇的に下げたノルウェーシステムが、教育刑の趣旨、目的を非常に洗練された方法で実現したことは否定できない。

比較してみると、日本における行刑のあり方、また、被害者支援のあり方には、少なくとも一定の改善が試みられつつあるとはいえ、まだまだ、きわめて大きな改善の余地があるといえよう。特に、刑務所における処遇については、前記のとおり厳しい規則一辺倒で、規則の内容についてもその合理性に乏しいものがかなりあり、規則違反の罰についても、長期間の懲罰独房収容、その間は正座していなければならないなどといった例もあるといわれる。しかし、前記のとおり、そのようなやり方が、受刑者の罪の自覚と内省、また、更生、社会復帰のために本当に役立っているのかは、相当に疑わしい。

なお、日本でも、二〇二二年に、懲役・禁錮を廃止し「拘禁刑」として単一化するとともに、拘禁刑及び拘留に処せられた者につき、改善更生を図るため、必要な作業を行わせ、または必要な指導を行うことができるものとするなどの刑法等の改正（二〇二五年施行）がなされ、受刑者の円滑な社会復帰を図るため、その意向を尊重しつつ、住居、医療・療養、就業・就学など必要な援助を行う旨の規定も設けられた。「懲らしめ」のための罰としての「懲役」を廃止し、受刑者の改善更生、社会復帰を志向する改正である。この改正が犯罪者処遇のあり方について改善の最初の一歩を踏み出したものとなることを期待したい。

4　現代の世界において死刑は正当化されうるのか？

死刑に関する法意識

死刑について考える場合には、それがほかの刑罰と質的に異なることを念頭に置く必要がある。死刑は、加害者の生命を奪うという意味で、究極の応報であるとともに、誤っていた場合にはその回復がおよそ不可能だという意味でも、非常に特殊な刑罰なのである。また、死刑は、権力・システムの意向、国家のあり方や思想とも深く関連している。その意味で、「公序」とのかかわりがきわめて深い刑罰でもあるのだ。

そのような「死刑」に関する現代日本人の法意識は、少なくとも先進諸国の中でみれば、かなり特異なものといえる。

内閣府によるアンケートでは、一九五六年には六五・〇パーセントだった賛成率（死刑存続肯定率）が、二〇一九年には八〇・八パーセントまで上がっている。賛成の理由としては、応報の必要性が大きいようだ。また、死刑の殺人等凶悪犯罪抑止力については、五八・三パーセントが肯定している。

一方、絶対的終身刑（仮釈放のない終身刑）が導入された場合という条件をつけると、それでも死刑は廃止しないほうがよいとの意見は五二・〇パーセントまで減少している。また、先の段落の「賛成者」についても、将来的には状況が変われば死刑を廃止してもよいと答えた者が、うち三九・九パーセントある。もっとも、殺人による死亡者数は一九五五年の二一一九人をピークとしてその後おおむね下がり続けており、二〇二三年には二二八人とピーク時の一割余となっていることを考えると、「将来的な状況の変化」が何を意味しているかは、あまり明確ではない（一つの可能性として、多くの人が右のような殺人死亡者数減少の事実を認識していないことはありえよう)。

私は、法律家の多数派と同様、死刑は、可能な限り早期の廃止あるいは事実上の廃止(刑の執行を止める)が望ましいと考える。死刑に代わる刑罰としては、当面は絶対的終身刑が相当であろう。また、前記アンケートの結果からすれば、死刑と選択的な刑罰としての絶対的終身刑は、すみやかに創設すべきであろう。

死刑に対する疑問、死刑反対論の根拠としては多くのことが挙げられるが、私が根本的と考える理由は三つある。

第一に、死刑はその理論的な正当化が難しい刑罰だからである。近代国家においては、刑罰の根拠について、応報刑論、ついで目的刑論ないし教育刑論が唱えられ、徐々に、「少なくともむき出しの報復や復讐は刑罰の目的ではない」と考えられるようになってきた。

刑罰の根拠についてはすでに若干の記述を行ってきたが、ここで再度正確に整理しておこう。応報刑論とは、「刑罰は、犯罪に対する(適切な)公的応報である」というもの、目的刑論とは、「刑罰は、犯罪の防止を目的とする」というものだ。目的刑論には一般予防論と特別予防論がある。一般予防論は、「刑罰の威嚇《いかく》効果によって一般人が犯罪におちいることを防止する」というもの、特別予防論は、「刑罰によって犯罪者が再び犯罪におちいることを防止する」というものだ。教育刑論は目的刑論の一種であり、犯罪者の教育に重点を置く。

そこで検討すると、まず、死刑は、応報刑としては疑問が大きい。暴力事犯（たとえば傷害、強姦等）でも刑罰としてそれと同じ種類のことを被告人に対して行うのは、近代国家では、残虐な刑罰の禁止（憲法三六条）の要請から、また、「刑罰は応報ではあっても復讐ではない」ことから、許されない。しかし、死刑は殺人罪について科されるのが普通で、これは殺人に対して国家による一種の合法的な殺人をもって報いていることになる。だが、それは許されるのかということである。法哲学的には、「国家には犯罪者の生命を奪う権限があるのか」という問題となる。

次に、目的刑論のうち一般予防論については、死刑の一般予防的効果、犯罪（殺人）抑止効果は、実をいえば、海外でも統計上全く実証されていない。死刑を廃止した国や州で殺人は増えていないのである。殺人を犯すとき、人は、冷静な損得計算などまずしない。かっとなって思わず手を出してしまったという例が大半なのだ。実をいえば、殺人の多くは、近親や知人間の感情のもつれから起こるのである。一方、数の少ない連続殺人や快楽殺人の犯人は、まずは、死刑になろうとなるまいとやる人々である。目的刑論のうち特別予防論については、死刑は対象となる人間を抹殺してしまうので、およそ問題にならない。

要するに、近代国家における死刑の理論的な正当化は、基本的に困難なのである。したがって、刑事法学者でこれを肯定する少数派も、死刑は「きわめて例外的な特別の場合」にのみ許されるとしている。

第二には、すでに論じたとおり、幼児期の虐待や劣悪な環境を含め、環境的要因の人間に対する影響は大きく、とりわけ、共感力や罪の意識の確立には決定的な影響をもたらす例の多いことがある。また、たとえばアメリカに顕著なように、殺人等の重罪には、個々の社会全体のひずみやゆがみの反映という側面も強い。

死刑は、実際には国家や共同体の責任という部分をも含む事柄（たとえば幼児虐待等）について、犯罪者だけに究極の絶対的な自己責任を負わせる。しかし、これは、見方を変えれば、そのような処理によって、つまり、不都合な存在、あるいは一種のスケープゴートを消し去ることによって、国家や社会が本来問われるべき責任を問われないですまされるということでもある。したがって、権力、システムにとっては、死刑は、犯罪に関するみずからや社会の責任から人々の目をそむけさせ、かつ人々のやり場のない不定型な報復感情にはけ口を与える「都合のよい手段」という側面をももっている。死刑の執行の多い国には専制的国家が非常に目立つことが、これを裏付ける。

なお、この点については、「そうはいっても、虐待された幼児がすべて殺人を犯すわけではない」という反論がよく出る。これは確かに事実であり、犯罪とそれに対する刑罰一般についてはいえることである。子どもは別として、大人であれば、たとえ悪い環境等の影響がある場合でも、責任能力が肯定される限り、自己の犯罪については相当の責任を負わなければならない。しかし、この理由も、生命を奪う究極の刑罰の根拠としては弱い。

第三に、「死刑は、冤罪であった場合には取り返しがつかない。国家が罪のない人を文字どおり『殺してしまった』ことになるが、それでいいのか?」ということがある。おそらく、この疑問が、死刑廃止論の根拠のうち最も反論の余地の小さいものだろう。次の章で論じるとおり、検察が有罪判決に非常にこだわり、刑事系裁判官の多くが検察官に忖度しており、したがって、無罪率が異常に低く、その半面冤罪率が高いと思われる日本では、この疑問は、ことに大きなものとなる。

ほかにも、たとえば、日本の刑事司法を研究しているアメリカ人研究者から、以下のような指摘が出ている(デイビッド・T・ジョンソン著、笹倉香奈訳『アメリカ人のみた日本の死刑』〔岩波新書〕。重要と思われる部分を私なりにかいつまんでまとめた)。

①日本では、アメリカと異なり、死刑について特別な法的手続保障(有罪無罪判断段階と量刑段階に審理を分ける二段階審理、自動上訴、陪審員の全員一致等)が一切なく、死刑は何ら特別に扱われていない。裁判官と裁判員の単なる多数決で死刑を科すことさえ可能である。②その事件が死刑事件であることが審理の開始時に告知されない。③裁判員裁判では迅速が優

先され、死刑事件の裁判、判断は慎重にという原則がないがしろにされている。④死刑の適用基準があいまいである（一九八三年七月八日最高裁判決のいういわゆる「永山基準」は、単に一般的な考慮事情を列記したものにすぎず、「基準」になっていない）。⑤弁護人の弁護活動がきわめて消極的である。⑥検察官による上訴が可能である。⑦秘密主義に包まれていて議論や検証ができない。⑧絞首刑は残虐な刑罰の禁止（憲法三六条）にふれる（受刑者には激しい肉体的損傷と激痛が伴い、また、意識は長いときには二、三分も保たれる。なお、著者は、そもそも死刑執行に人道的な方法など存在しないという）。

個々の指摘の内容には、従来日本人法律家から出ていたものも多い。しかし、こうしてまとめてみることで、日本の司法における死刑の取扱いが、外国人の目からみると（また、死刑を存置している州のあるアメリカ人の目からみても）いかに異常なものにうつるかが、おわかりになるのではないかと思う。

なお、①の「二段階審理」とも関連するが、前の節の「応報的司法と修復的司法」の項目でもふれた「刑事訴訟への被害者参加制度」については、日弁連が、「被告人が無罪を争っている事件については、有罪無罪の判断の手続と量刑を決める手続を明確に分けた上で、被害者等の手続参加は後者においてのみ許可しうるものとすべきである（手続二分制度）」趣旨の意見書を出している（二〇一二年一一月一五日。かぎカッコ部分は、意見書の関連部分要旨を私がまとめたもの)。

この意見は適切なものである。審理の段階を分けないと、被害者家族の訴訟活動が有罪無罪判断の前に行われることになり、特に、裁判員については、予断を抱かせる原因になりかねないからだ。もちろん、日本の刑事司法ではないがしろにされてきた被害者の権利の確保、また、補償やケアの必要性については、誰も否定しないだろう。しかし、現行制度に右のような問題のあることも、やはり否定しにくい。特に殺人事件で被告人が自分は犯人ではないと主張しているような場合、この問題は大きなものとなりかねない。

また、前の節でもふれたことだが、刑事訴訟への被害者参加制度については、被害者の代理人としてこれに参加した弁護士からも、真に被害者救済に資する制度になっているのかなお疑問があるとの指摘がなされている(諏訪雅顕《まさあき》「刑事裁判における被害者参加制度の問題点――実務上真の被害者救済になり得るものか」信州大学法学論集一五号五五頁以下。信州大学機関リポジトリ〔ウェブ〕掲載)。今後のさらなる検討、改善が必要であろう。

よく知られているとおり、ヨーロッパ諸国を始め自由主義諸国(いわゆる先進国に限らない)では死刑廃止が決定的な趨勢になっており、そうでない場合にも、事実上長期間執行を停止している例は多い。その背景には、やはり、近代・現代法の基本原理、また国家と人権のあるべき関係からして、「もはや死刑を適切な刑罰として許容するのは困難」というコンセンサスが存在する。

以上のとおり、死刑というテーマについても、現代日本人の法意識には、やはり現代の先進国標準を外れた部分があるといえるのではないだろうか。日本は、殺人、ことに無目的連続殺人・快楽殺人、あるいは大量殺人が頻発している国ではなく、殺人発生率からみればほぼ世界最低のレヴェルであるのを考えれば、なおさらのことである。

法に必要なマクロの視点、そして現代日本人が失いつつある慈悲の心

これは、法的な「制度論」について考える場合にはいつでもいえることであり、また1節でも述べたことだが、社会の状況が悪くなれば権力者批判封じ込めのために利用されかねない侮辱罪厳罰化（二〇二二年。法定刑に拘禁刑〔二〇二五年までは懲役・禁錮〕、罰金が入った）等の例と同じく、死刑について考える場合にも、マクロ的な見方がまず必要なのであり、個々の、一般の注意を引きやすい極端な事例についても、マクロ的なヴィジョンの中に位置付けて冷静かつ客観的に検討すべきなのである。

法は、人間の行動を規制・規整するための規範、仕組みであり、自由に対する拘束（刑罰等）という要素をも含む。しかし、そうした拘束については、適切に、また、できる限り謙抑的に行使されなければならない。それが近代法の大原則だ。

ミクロ的な見方をすれば、殺人被害者の家族の多くが、特に当初は加害者の死を望むのは、人間の感情として自然なことであろう。しかし、そこから短絡的に死刑存続当然肯定、現実の執行も継続という結論に至ってしまうと、制度論やその基盤にある憲法的な価値観、また社会科学的志向をないがしろにすることになりかねない。

さらに、人間や社会がもつべき慈悲の心ということもある。これは、現代キリスト教倫理の一中核、その最も価値ある部分といえるし、仏教思想は、さらに先行して、慈悲の心を強く説いていた。

実をいえば、仏教の経典は専門家しか知らなくとも仏教思想のエートス自体についてはは深くとりいれた日本社会は、元々は、厳罰主義のそれではなかった。

たとえば、平安時代には、約三百五十年間もの長きにわたって、死刑執行の停止されていた期間があった。もっとも、実際には、国司等による処刑や戦乱の中での処刑はあったようなので、死刑の停止は朝廷による国家レヴェルのことではあった。しかし、それにしても、前近代においてこれほど長期間基本的に死刑が行われなかった例はあまりないという。

戦後でも、私が子どもだった一九六〇年前後には、人々は、よく、「罪を憎んで人を憎まず」という言葉を使っていたものだ。祖父母や父母は、日常生活の折々に、無味乾燥な説教というかたちでなく、人を許すべき理由として、子どもたちにそれを説いた。それは、いわば、日本人の素朴な性善説の、最もすぐれた、また、生きた成果でもあった。

私が小学校半ばくらいのことだったと思うが、当時人気のあった『七人の刑事』というテレビドラマに、こんな一話があった。

「記憶喪失になった男が、ひたすら、『死刑廃止』のみを訴え続けているため、殺人事件の容疑者ではないかとして捜査が行われる。しかし、実は、男は、死刑の執行に当たっていた刑務官の一人であり、その仕事から受けたプレッシャーと心的外傷によって記憶を失ってしまったことが判明する」というものだ。

子ども時代の記憶だから、細部は違っているかもしれない。しかし、死刑執行官の目から死刑制度をとらえる視線の鋭さとそれがもつ意味とは、子どもだった私にも、十二分に伝わったのである。

一九六〇年代の前半、まだ戦後の名残の社会不安が尾を引く不安定な時代にあっても、当時の人々は、そうしたことを考えていたのだ。

犯罪と刑罰に関する日本人の法意識

本章の結びとして、犯罪と刑罰に関する日本人の法意識につき、まとめの考察を補っておきたい。

犯罪と刑罰に関する日本人の法意識は、一般的にいえば、かなり素朴なものだ。試みにインターネットからこれに関連する記述を拾い上げ、整理してみると、たとえば以下のようになる。

「法律（刑罰法規、広義の刑法）を破ればそれはすなわち犯罪（悪いこと）であって処罰されるべきだ。国家が設定する犯罪の枠組みは、基本的に正しく、疑う余地のあまりないものだ。インターネットに心ないことを書き込むのはよくないから、侮辱罪の厳罰化、拘禁刑の導入もやむをえない。ほかの人を直接傷付けないことでも自分を害する可能性があれば犯罪としてよく、とりわけドラッグ摂取のような『反社会的』な行為についてはそういえる。悪いことをした人が刑務所に入るのだから、そこにおける処遇が受刑者の自由を強く制限する方法で行われていても、また、社会復帰に必ずしも役立っていなくても、やむをえない。そういう人々は、まずは『秩序』を叩き込まれるべきだ。殺人は、犯罪の中でも特に悪いことなのだから、死刑もやむをえない」

こうして、言葉を補いつつ整理したものをまとめて読むと、不快に感じる方がいるかもしれない。しかし、私の元裁判官としての実感からしても、おおむね以上のようなところが、平均的な日本人の犯罪と刑罰に関する法意識とみても、それほど誤ってはいないのではないかと考える。

犯罪と刑罰に関する日本人の法意識は、素朴であると同時に、やや硬直的でもある。「犯罪は一種のケガレであり、犯罪の疑いをかけられることすらケガレである。火のないところに煙は立たない」。日本人の犯罪と刑罰に関する法意識のうち無意識に近い部分には、そうした感じ方さえうかがわれる場合がある。

このような、無意識レヴェルに根付いている可能性のある法意識は、その源流をたどれば、おそらく、近世以前にさかのぼることができよう。これについては、江戸時代の裁判の実際を、当事者の座る座席に示された身分秩序という観点から詳細に論じた書物に衝撃的な記述がある（尾脇秀和『お白洲から見る江戸時代──「身分の上下」はどう可視化されたか』〔NHK出版新書〕）。その部分を私の言葉でまとめ直してみよう。

「お白洲において一般的には砂利の上でなく縁側に座ることを許されていた身分（武士、僧侶等）の被疑者も、未決勾留を命じられるとともに、突然縁側から地べたの砂利に突き落とされて縄で縛られる。ここには、嫌疑を受けること自体を『罪』とする江戸時代の人々の見方が表れている」

現代のメディアも、次の章に記すとおり、たとえば特捜検察や警察による逮捕があっただけで、あたかも有罪判決が確定したかのように決め付ける報道をすることがある。私は、こうしたメディアの姿勢に、江戸時代の人々の法意識に通底するものを感じる。

第7章で論じる「大岡裁き」幻想等の司法に関する各種の幻想に象徴されるように、日本人、少なくともその相当部分の心の深層には、お上が裁くことにまず間違いはないという意識と、権力、権威に逆らってみても無力であるという諦念とが、不分明なかたちで混在しているように思われるのである。

次の章でも論じるとおり、近代刑事司法の原則は、「疑わしきは罰せず」だ。しかし、日本では今なおこれは単なるスローガンにとどまり、刑事司法の現場では、これとは逆の「疑わしきは罰す」という「推定有罪」がまかり通っている。少なくともそうした傾向が強いことは否定しにくい。そして、中世的とも批判される推定有罪の思想や人質司法の慣行がいまなお継続していることについては、江戸時代から連綿と続く犯罪と刑罰に関する日本人の古い法意識が、深く関与しているように思えてならないのだ。

こうした点では、日本は、やはり、「消化しておくべき近代のエッセンス」を未だ十分に消化していないと感じられるのである。

第5章

冤罪をめぐる法意識、刑事裁判官・検察官のあり方

前の章では犯罪と刑罰に関する国民、市民一般の法意識を中心に論じたが、この章では、「刑事司法における明らかな病理現象」である冤罪について、刑事司法関係者の法意識を中心に論じる。日本における冤罪の問題については、刑事司法関係者の法意識によって規定されている部分がかなり大きいからである。

冤罪に関する日本特有の問題

冤罪は、いわば刑事司法の病理現象、宿痾《しゅくあ》であり、どこの国にでも存在する。

しかし、日本特有の問題もある。それは、日本の刑事司法システムが冤罪を生みやすい構造的な問題を抱えていること、また、社会防衛に重点を置く反面被疑者や被告人の権利にはきわめて関心の薄い刑事司法関係者の法意識、そして、それを許している人々の法意識、という問題である。日本の刑事司法システムは、為政者や法執行者の論理が貫徹している反面、被疑者・被告人となりうる国民、市民の側に立って右のような国家の論理をチェックする姿勢や取り組みは非常に弱いのである。

刑事司法システムの問題からみてゆこう。

まず、身柄拘束による精神的圧迫を利用して自白を得る「人質司法」と呼ばれるシステムが挙げられる。勾留期間二十日間に逮捕から勾留までの期間を加えると最大二十三日間もの被疑者身柄拘束が常態的に行われている。また、否認したまま起訴されると、自白まで、あるいは検察側証人の証言が終わるまで保釈が許されず、身柄拘束が続くことがままある。第一回公判期日までは弁護人以外の者（家族等）との接見が禁止される決定がなされることも多い。

「人質司法」は、日本の刑事司法の非常に目立った特徴であり、明らかに冤罪の温床となっている。しかし、これについては、近時ようやく一般社会の注目が集まるようになってきたという段階であり、改革は、ほとんど手つかずのままである。

検察官の権限が非常に大きく、たとえば英米法系諸国における大陪審や予備審問のように起訴のためにほかの機関による承認やチェックを必要とする仕組みがないことも、大きな問題である。起訴権を独占する一枚岩の組織体としての検察の権力は、無制約に強大なものとなる。

そして、江戸時代以来連綿と続いている「自白重視、自白偏重」の伝統が、以上の問題に拍車をかけている。こうした伝統の下では、捜査官も検察も、いきおい自白を得ることに固執しがちになるからだ。

冤罪防止のためのシステムや取り組みの欠如

冤罪の頻度、また、これを防止するためのシステムの整備という点からみても、日本の状況には、大きな問題がある。

まず、冤罪が実際にはどのくらいあるのかすら全くわからない。表に出てくる情報もほとんどない。キャリアを通じて真摯《しんし》に刑事裁判に取り組み、約三十件の無罪判決を確定させた裁判官（木谷明氏。公証人、法政大学法科大学院教授を経て現在は弁護士）がいる一方、刑事系裁判官の多数はごくわずかしか無罪判決を出しておらず、「ゼロ」という裁判官さえ一定の割合で存在する。特定の裁判官にだけ無罪事案が集中するのはきわめてありにくいことだから、たとえば刑事系裁判官が控えめにみて一人当たり十の冤罪を作っている可能性があると考えてみると、日本における冤罪が、いかにありふれたものでありうるかがわかるだろう。

たとえばアメリカでは、ロースクール、公設弁護士事務所等を中核とするイノセンス・ネットワーク、その中核となっているイノセンス・プロジェクト（非営利活動機関）が、刑事司法改革に取り組み、冤罪に関する調査を行い、冤罪の可能性のある事件についてＤＮＡ鑑定等を利用して再審理を求め、イノセンス・プロジェクトだけでも三百件以上の有罪判決をくつがえしている。そして、こうした活動には連邦や州も協力している（なお、イノセンス・ネットワークは、アメリカ以外の国々にも展開されている）。さらに、多くのロースクールには、冤罪を含む刑事司法の問題について中心的に研究しかつ教えている教授がいるので、そうした事柄に関する平均的な弁護士、裁判官のリテラシーについても、一定水準のものは確保されるようになっている。日本の法学教育、法曹教育においても、冤罪とその防止に関する最低限の教育くらいは行われるべきであろう。

アメリカの刑事司法も決してバラ色ではなく、警官の問題行動は非常に多い。また、法域（連邦、州以外にも種々の法域がある）がともかく細かく分かれているため、警察、検察、裁判所とも、法域、地域による質のムラが大きい。しかしながら、少なくとも、「冤罪という問題」の存在を「直視」し、そのような「不正義」から被害者を「救済」するための充実した「取り組み」があり、連邦や州等の「公的セクション」も、その必要性と意味を認めて「協力」している（一例を挙げれば、冤罪事件を含め、貧困者、死刑囚、受刑者等のための弁護活動を専門に行う弁護士事務所に補助金を出すなど）のであり、こうした点は、日本とは全く異なる（なお、日本でも、海外における取り組みを参考にして、イノセンス・プロジェクト・ジャパンが二〇一六年に設立された。未だその歴史は浅いが、今後の活動の展開に期待したい）。

また、刑事訴訟、特に再審請求手続における検察官手持ち証拠の開示、再審等に備えての証拠の保管（特に重要なのが、前記のＤＮＡ鑑定資料）といった冤罪防止、刑事訴訟手続全般の適正化のための基盤となる制度についても、日本は、明らかに国際標準に後れつつある（たとえば、李怡修《リーイシュウ》「刑事手続における証拠閲覧・開示と保管——日本・台湾・カリフォルニア州の再審請求段階から考察する」〔一橋大学機関リポジトリ〈ウェブ〉掲載〕によると、日本の制度は、アメリカのみならず、台湾にも後れをとっているように思われる）。

検察官の「法意識」

日本の検察官は、裁判官と同様司法修習生からそのまま採用され、司法官僚としてキャリアシステムにおける「出世」の階段をのぼってゆく。検察は、検事総長をトップとする一枚岩の行政組織だから、裁判官の中では一枚岩的な性格が強い刑事系の裁判官集団以上に、同族意識、組織としての一体感が強い。

また、建前としての無謬《むびゅう》性にこだわりやすい日本の組織の常として、さらには、正義の看板を背負っており、かつ、前記のとおり客観的なチェックの入らない大きな権限をもつ組織の構成員、官僚であることから、誤りのないこと、失点のないことに非常にこだわる。そして、無罪判決は検察官の最も目立った失点となる。したがって、起訴した事件については、再審の局面をも含め、組織の面子をかけて最後の最後まで争い続けることになる。再審無罪事件の重大なものをみると、身柄拘束の時点から再審無罪判決確定までに三十年前後ないしそれ以上の長期間を要しているものが多い。広く報道されてきた袴田《はかまだ》事件に至っては、二〇二四年一〇月九日の再審無罪判決確定までに、実に五十八年以上が経過している。これでは、冤罪被害者は、たとえ無罪判決を得ても人生の大きな部分を決定的に奪われてしまうことになる。人権侵害の最たるものといわなければならないだろう。

九九・九から九九・八パーセント（地裁事件統計）という日本の有罪率は、日本の検察の優秀さを示すものというよりはむしろ、日本の刑事司法の異常さや問題を示すものであり、今では社会一般の認識もそうなりつつある（たとえば、有罪率一〇〇パーセントといったことになれば、それはもはや専制主義国家の暗黒裁判であろう）。また、高い有罪率への固執は、本来であれば起訴が相当な事件を不起訴にする弊害も伴い、特に裁判員裁判対象事件については、この弊害を指摘する声が多い。しかし、閉じた組織である検察は、こうした外部の声にはきわめて鈍感であり、無謬性に強迫的にこだわることをやめられないのである（検察は、前記の袴田事件再審無罪判決について控訴権を放棄したものの、併せて、「証拠捏造を認めた判決については強く不満」との異例の談話を出した。また、後記の特捜部検察官に関する付審判決定についても、ある検察幹部が「これでは現場は必ず萎縮する」旨のコメントを行っている〔二〇二四年八月九日朝日新聞〕。こうした対応やコメントも、日本の検察ならではのものであろう）。

以上のような組織特性、メンタリティーの帰結としてか、日本の検察官は、刑事裁判官をあまり尊敬していない。それどころか、おおむね自分たちの言いなりになることからあなどっており、また、まれにそうでもなくなることについては、いらだちを隠さない。

政治家鈴木宗男氏の事件（いわゆる国策捜査事案）にからむ容疑で逮捕され有罪とされた経験をもつ元外交官佐藤優《まさる》氏の『国家の罠——外務省のラスプーチンと呼ばれて』〔新潮文庫〕では、捜査担当検察官が、「今後鈴木氏の裁判につきあうのはほどほどに」との旨を佐藤氏に忠告するとともに、「裁判なんて時間の無駄だよ」と語るが、これが典型的だ。付け加えれば、この検察官との間に一種の友情を結んだ著者自身の感懐としても、「供述をしなくても私の有罪を確実にする仕掛けを作る能力が検察にはある。国家権力が本気になれば何でもできるのだ」、「弁護人は司法府の独立をほんとうに信じているようだが、私はまったく信じていない」との記述がある。

さて、第1章でふれた『不思議の国のアリス』には、実は、もう一つ、刑事裁判がらみのエピソードがある。幻の巨鳥ドードーをも含めた鳥や獣が集まってするコーカスレースの後の、ネズミの「長くて哀れなお話《ア・ロング・アンド・ア・サッド・テイル》」である。

犬の検察官がネズミをつかまえ、「おまえを起訴して有罪にしてやる」と言う。ネズミが、「でも、陪審員も裁判官もいないじゃないですか?」と反論する。犬は、「裁判官も陪審員も俺がやる。一切合切一人で裁いて、おまえを死刑にしてくれる」と、有無を言わさず切り返す。
これもまた、ナンセンスでシュールレアリスティックなありえない裁判として語られているのだが、私が慄然《りつぜん》としてしまうのは、これが、百六十年後の「先進国・富裕国」の一つにおける刑事司法の現実についての、強烈なブラックジョークにもなっているからなのだ。

非常に単純化していえば、『アリス』の犬と同様に、「裁判官も裁判員も〔実質は〕俺がやりたい。一切合切一人で裁いて、おまえを確実に有罪にしてやりたい」というのが、表には出てこない、また、彼ら自身意識の表面にはあまりのぼらせない、日本の検察官の「本音」なのではないだろうか。検察官と話していると、穏やかなタイプの人であっても、気を許した会話の中では、こうした本音がちらちらと見え隠れすることがある。

また、公証人となって元検察官とともに働いた経験をもつかつての先輩・同僚裁判官からも、「瀬木さんの裁判官批判には当たっている部分があるが、自己過信や慢心についていえば、検察官はさらに問題が多いと思うよ」との意見を聞くことがある。確かに、検察官は、被疑者、被告人、刑事弁護人との関係では圧倒的に優位に立っているし、外部から批判を受けて内省する機会も、裁判官以上に少ないかもしれない（なお、公証人は法務省管轄の制度のため、検察官等法務官僚のほうが裁判官よりもなりやすく、数も多い）。

日本の検察についても、大陪審や予備審問のような起訴チェック機関を設けるとともに、検察官定員の一定割合については弁護士から期間を限って採用する人々とするなどの方法により、外部の血を入れ、組織の民主化を図ることが望ましいと思われる。それは、かたくなで一枚岩的な検察官の法意識の改善にもつながることだろう。

特捜検察の問題

特捜検察は、手続的な正義、透明性のあるシステムという観点からみたとき、きわめて問題の大きい制度である。特定の政治的な勢力の意を受けて行われる「国策捜査」になりやすく、小沢一郎氏が無罪となった陸山会事件（二〇〇四〜〇七年）のように、たとえ無罪となっても政治家として大きな打撃を受ける例がある。また、厚生官僚の村木厚子氏が無罪となった郵便不正事件（二〇〇四年）のように、検察官による証拠の改竄《かいざん》までが行われた例がある。

さて、その郵便不正事件では、村木氏が犯行に至った経緯として、事件関係者がかかわったとされる十九件の面談や電話での会話が検察官の冒頭陳述で挙げられており、これを裏付ける関係者の供述調書が多数あったが、うち一件を除く十八件については、現実には存在しない架空のものだった。これについては、村木氏の弁護士であった弘中惇一郎氏が、

「組織をあげての事件の捏造《ねつぞう》」であり、一人の検察官による証拠の偽造（フロッピーディスク内文書データの最終更新日時を改竄）よりもさらに重大な問題であると述べている（『特捜検察の正体』〔講談社現代新書〕）。

こうしたフレームアップ、でっち上げは、重大冤罪事件の警察捜査ではしばしばみられるものだ。しかし、それらについては、強引な捜査方法に問題があると警察内部でも取り沙汰されていた人物が見込み捜査を強硬に推し進めた結果である例も多いといわれる。

検察官は、警察の捜査をチェックする立場にある官僚である。その官僚組織中でもエリート集団といわれる特捜検察が「問題のある刑事」と同様の捜査を行っていたということになると、組織の構造的なひずみを考えざるをえないであろう。前記弘中書に書かれている事柄のうち、法律家の目からみて主観による推測の入る余地の乏しい客観的事実だけを取り出してみても、戦後の警察が各種の冤罪事件で行ってきた問題のある捜査方法が、拷問を除き、ほぼそのまま網羅されている感があるのだ。

特捜検察は、捜査の端緒をつかむことから起訴までのすべてをみずから行う。したがって、動き出してしまうと、客観的、合理的で冷静なチェックがはたらかない。それに加えて、前記のような検察官のメンタリティー、面子、特権意識が重なると、暴走を押しとどめることができなくなる。

また、すでにふれたとおり、特捜検察が、政治権力の特定の一部の意向を不明瞭なかたちで受けて立件に動いている可能性も、特に政治家がらみの事件では指摘されている。これは、民主政治の根本をおびやかす事態を生みかねない。

一方、特捜検察は、福島第一原発事故や第二期安倍政権時代の森友・加計学園問題、「桜を見る会」問題等では動かなかった（福島第一原発事故に関する起訴は、検察審査会の議決による強制起訴）。二〇二〇年前後の自民党政治資金パーティー裏金事件における起訴も、ごく小規模なものにとどまり、ほとんどの議員は刑事責任を問われなかった。しかし、これらは、本来であれば特捜検察が積極的かつ果敢に取り組むべき問題だったはずであり、こうした点でも、特捜検察の姿勢は不明瞭といわざるをえない。

前記のとおり特捜検察は検察のエリート集団と位置付けられてきたのだが、以上に論じてきたような問題もあってか、「近年は、特捜検察の積極的志望者が少なくなっている」との話を、私は、検察の内部についてよく知る人物から聞いたことがある。しかし、そうであればなおさら、自己チェック機能の弱体化も懸念されるわけである。

政治の腐敗については事件限りで任命された特別検察官が捜査、起訴を行うというアメリカの方式のほうが、よほど健全であろう。あるいは、特捜検察は捜査の端緒をつかむだけのセクションにして、現実の捜査は警察か別の検察セクションにさせ、起訴も同様にし、また、起訴の当否、必要性については、弁護士等外部から入れた法律家の目をも交えて決めるような組織にすべきであろう。権力が少数の人間に集中し、立件の基準が不明瞭であり、第三者による客観的なチェックが入らない現在のような制度は、まさに前近代的である。

なお、二〇二四年八月八日、大阪高裁は、大阪地検特捜部の検察官に関する付審判請求につき、「検察なめんな」などと一方的にどなり、机を叩いて責め立てたなど取り調べの際の言動に大きな問題があったとして、特別公務員暴行陵虐罪で審判に付する決定を出した。付審判請求とは、公務員の職権濫用罪について告訴・告発を行った者が、検察の不起訴処分に不服のある場合に、事件を裁判所の審判に付する（刑事裁判を開始する）ことを求める手続であり、検察官が審判に付されたのは初めてのことである。また、検察官の取り調べをめぐっては、国家賠償請求訴訟も相次いで提起され、地裁での勝訴判決も出ている。

刑事系裁判官の「法意識」

日本の冤罪の原因として人質司法と並ぶもう一つの大きな問題は、刑事系裁判官の判断のはかりの針が、最初から検察官のほうに大きく傾いている傾向だろう。「建前上は『推定無罪』だが、現実には『推定有罪』になってしまっている」ということである。

刑事系裁判官の判断の針がなぜ最初から検察官に傾いていることが多いのか、なぜあそこまで検察官の意向をうかがい、忖度する傾向が強いのか、また、被疑者、被告人に対するバイアスが強いのかは、民事系裁判官を長く務めた私にとっても「謎」だ。

司法官僚である日本の裁判官のキャリアは、任地も職種も、自分で選べるわけではない。たとえば、私が任官したころの初任判事補の任地は、最高裁事務総局人事局が、彼らなりの基準で評価した順に東京から並べ始めるかたちで決定するといわれていた。そして、東京初任についてみると、姓の五十音順に、民事部あるいは刑事部から、必要な人員を採っていた。刑事部の配属人数は少ないから、五十音順の最初か最後の数人が刑事配属となったのである。そして、東京初任の場合、これで民事系か刑事系かが決まり、その後のキャリアにおける変動はあまりなかった。もっとも、より一般的にいえば、初任の配属はキャリアを決める一要素にすぎなかったし、系列が明確に分かれない人々も相当程度の割合で存在した（系列の明確な裁判官は、相対的なエリート層により多い）。

つまり、個々の裁判官のキャリアがどう決まってゆくかは時代により多少異なるものの、個々人の希望の占める比重はあまり大きくないのである。にもかかわらず、民事系、刑事系、家裁系の裁判官集団についてみると、どの時代でもおおむね似通っている。日本人の個性や生き方、あり方が、所属する、あるいは精神的に帰属する「集団、ムラ」によって強く規定される事態を示す典型的な一例といえよう。そして、こうした系列の中でみるとき、刑事系は、その官僚制と閉鎖性において際立っているのだ。

私は、裁判官を批判してはきたが、民事系であれば、人柄に厚みのある人物も、教養識見が深い人物も、研究者の資質をもった人物も、挙げることはできる。しかし、刑事系については、その層が薄いこともあってか、そうした人間の「幅」があまり感じられない。個性ある人物は、いるとしても多くはない。私が若かったころには、まれに、非常に人間のできた温厚な方がいたものだが、そうした人々はおおむね傍流であった。また、検察官には退官後目立った社会的活動を行う人が時々いるが、刑事系裁判官にはあまりいない。

裁判官の書物も、刑事系の人々のそれは、従来からある「裁判官幻想」に沿い、それを補強・再生産し、そうすることで読者を安心させるレヴェルにとどまり、読者を突き動かすような創造性や力には乏しいものが多い。特に、エッセイ的なものでは自己満足が目立ちやすい。

以上のとおり、刑事系裁判官は、社会から隔離された司法官僚裁判官集団の中でも「もう一重隔離された人々」という印象が強いのだ。

「かつての刑事裁判長には、『被告人は平気で嘘をつく』、『検事がそんな変なことをするはずがないだろう』、あるいは、『国民が皆有罪と信じている被告人をなぜ裁判所だけが無罪とすることができるんだ』などといった信じられない発言を、合議等で堂々とする人も多かったのです。また、今でも、そういう考えをもっている人は決して少なくないと思います。もっとも、少なくとも、裁判員裁判では、そうした発言を合議の場ですることだけは、できなくなったようですね。また、無罪判決を一度も出していない刑事裁判官が一定の割合でいるのも事実です」

これは、私が、前記木谷明元裁判官からじかにお聴きし、引用の許可もいただいた言葉である。

また、私自身が直接に経験したところでも、かつての刑事系裁判官には、「被告人の争い方が悪かった場合には有罪判決の量刑を重くする」という考え方をもつ人がかなりいた。今でも、その傾向はあるかもしれない。しかし、被告人には争う自由があるし、「争い方が悪いかどうか」の判断は相当に裁判官の主観の問題であることを考えると、裁判官の客観性、中立性という観点から問題ではないかと思ったものである。さらに、実刑と執行猶予の選択において、世論の中の厳罰主義的な部分に沿い、平等・公平・公正の原則に反する「見せしめ、一罰百戒」的な志向が強く出やすいことについては、私を含め民事系裁判官のかなりの部分が、違和感を抱いていた。

日本では刑事事件のほとんどが有罪判決となることもあってか、刑事系裁判官の思考パターンは、さまざまな側面で検察官の思考パターンにシンクロナイズしがちであり、一方、検察や警察が間違いを犯すかもしれないという視点にはきわめて乏しい。刑事系裁判官の多数派にとっては、「疑わしきは罰せず」はお題目で、そもそも判断に当たっての葛藤や逡巡があまりみられず、思考停止しているような印象さえ受ける場合がある。木谷氏も言及されているとおり、キャリアを通じて無罪判決を一度も出していない刑事系裁判官さえ一定の割合で存在するのだ。

冤罪が確定した事件やそれが強く疑われている事件における非常識、非合理的な事実認定、論理性の欠如、被告人に対する予断と偏見にも、目をおおわしめるものがある。本書ではテーマと紙幅の関係から取り上げないが、拙著（『ニッポンの裁判』〔講談社現代新書〕、『檻の中の裁判官』〔角川新書〕）の関係記述、また、本書末尾の「若干の補足」で挙げている各文献の記述を参照してみていただきたい。誇張でなく、「これではまるで中世の魔女裁判、かつてのアメリカ南部における黒人被告人裁判と同様ではないか」との印象を抱かせるような判決がまま存在するのだ。

刑事系裁判官のこうした意識、言動、判断については、裁判員裁判制度の導入によっていくらか変化した可能性はあるものの、その影響は限定的なものであろう。たとえば裁判員裁判における合議についても、裁判員のいないところで裁判官たちが「事実上の合議」

をしている例はかなりあるといわれるように、司法官僚としての性格が強い日本の裁判官は、場面によって「顔」を使い分けることには慣れているのである。

なぜ刑事系裁判官の法意識が以上のようなものとなりやすいのかについては、すでに記したおり、私にも未だによくはわからない。木谷氏さえよくわからないと言われる。しかし、可能な限りであえて分析、推測すれば、以下のようになる。

第一に考えられる理由としては、①「最高裁に対する忖度。無罪判決がキャリアにおいて不利にはたらく可能性」があるだろう。しかし、それだけでは説明しにくい根深いものも感じるのだ。加えるとすれば、次のような理由が挙げられるかと思う。

②刑事訴訟は民事訴訟ほどヴァリエーションがなく、訴訟指揮や判決についても高度な法的知識が要求される度合は、一般的にいえば小さい（むしろ、陪審員のような普通の市民のコモンセンスが生きる領域である）。そのため、裁判官が、専門家としての実質のある自信、自負をもちにくい。③日本の裁判官には、近世以前から、また戦前から引き継がれた行政優位の法文化・伝統の下で、国家や政治・行政の権力チェックをためらう傾向が強く、民事関係では行政訴訟やいわゆる憲法訴訟にその傾向が顕著だが、国家の直接的な権力作用である刑事訴訟については、その傾向が一層強い（刑事訴訟では、日本の裁判官の「司法官僚」的性格が、治安維持第一、有罪推定という方向で強く表れやすい）。④前記のとおり、検察は一体として事実

上の強大な権力をもっており、表面上は裁判官を立てていても現実にはあなどっている。個々ばらばらの裁判官は、比較すれば無力で、検察官に堂々と対抗してゆくことのできる勇気と実力のある人が少ない。⑤刑事系裁判官は世論の影響を受けやすく、特にマスメディアによって醸成される検察・警察寄りのそれには弱い。

まとめると、刑事裁判官は、世間からは司法権力の象徴のように思われ、法廷でも表面的には民事や家裁の場合より尊重されているように見えるものの、現実にはその専門家としての精神的基盤に、弱い、もろい部分のあることが、問題の根本原因ではないだろうか。

私が若かったころ、司法修習生の間では、検察官は、法曹三者中最も人気がなく、ほとんど、なろうと思えば誰でもなれる状態だった。司法研修所の検察官教官は、法学部在学中合格者等の優秀な修習生を一本釣りする場合には、「君は、必ず高等検察庁の検事長まではいけるから」などと、事実上言質を与えるに等しいことまで言って任官を促す例があった（付け加えれば、そうした修習生には、実際そのポストまでいった例が多い）。一方、裁判官の人気は今よりもずっと高く、たとえば、当時は一年間に数名しかいなかった判事補留学者については、まだ若くても、一流の渉外弁護士事務所から、「すぐにパートナー弁護士（共同経営者弁護士）にしてあげるからきませんか？」という破格の誘いがかかることもあった。

しかし、近年は、裁判官の人気が下がっており、司法修習生獲得競争でも総体として大規模弁護士事務所に負け気味という、かつては考えられなかった事態が起きている。また、中途退職者も増えており、ことに、相対的な優秀層に属する裁判官が東京およびその周辺からの異動時期にやめてしまう例が目立つという。一方、検察官の人気は昔よりも上がってきている。特に、検察庁は、私学のトップレヴェルの学生を狙い撃ちにする傾向が強いようだ。これは、「名よりも実を取る」という意味では、よい方法なのである。有名私学のトップクラス学生は、その割合こそ大学によって異なるものの、東大、京大の平均レヴェルよりも上の資質、能力をもっている例も多いからだ。

平均的にみれば裁判官の能力が検察官よりも相当に高かった昔でも、刑事系裁判官は、前記のような理由からか検察官（ないしはその背後にある一体としての検察およびこれに同調する裁判所当局）の方を向き、その顔色をうかがいがちだった。右のような昨今の状況では、その傾向がさらにひどくなっているのではないか、ゆくのではないかを、私は、憂慮している。

なお、これは、実をいえば、民事系裁判官についても同様にいえる問題である。弁護士や検察官が裁判官の訴訟指揮に従うのは、「裁判官の能力を認めて」という前提あってのことなので、平均的な裁判官の能力が期待されるラインを割ってしまうと、法廷の適切、円滑な運営自体が難しくなってしまう。裁判官キャリアシステムの制度疲労は、こうした側面でも進行しつつあるのだ。

冤罪に関する人々の法意識

最後に、冤罪に関する現代日本人、国民一般の法意識についても考察しておきたい。

刑事訴訟に関するインターネット空間の言説をひととおりさらってみたところでは、現代日本におけるよき市民の冤罪に関する最大公約数的な法意識・感想は、「冤罪など自分にはかかわりのないことだと思っていたのだが、どうも、そうでもないようだ。もしもそうであるとすれば恐ろしい」といったところではないかと思われる。

このことに関連して私が思い出すのは、アメリカの大学で哲学・倫理学を教えている教授の、次のような言葉だ。

「最近の学生（ロースクールの学生ではなく一般学生）は、公的な正義に関する意識が極端に低くなってきています。たとえば、冤罪被害者について具体的な事例を挙げて討議を行っても、出てくる意見、感想は、少なくとも最初はお粗末で、『オー、ゼイアー・アンラッキー（いやぁ、不運な人たちもいるんですねぇ）』というレヴェルのものすらままある有様です。『自分や家族、周囲の人間に関係がなければ別にいいや。要するに彼らは不運だったんだよ』ということなのです。実に嘆かわしい」

これに対して、私も、「アメリカの学生たちも、随分内向きになってきているんですね」

などと応答したのだが、さて、一人になってからじっくり内省してみると、日本のよき市民の先のような感想も、突き詰めれば、「オー、ゼイアー・アンラッキー」というのと同じことなのではないかと気付き、あらためて愕然《がくぜん》としたのである。

近年のアメリカでは、社会的分断が強まり、経済的に中位以下の人々の社会的疎外が進むにつれ、精神的な側面での荒廃傾向は否定しにくく、特に、モラルの側面における劣化がはなはだしい。

だから、現在の日本の「よき市民」の冤罪に関する法意識が、モラルが著しく低下した現代アメリカにおける「嘆かわしい学生たち」のそれと、「文化の相違からくる表現の直截《ちょくせつ》性の差こそあれ、実質的にみればさして変わらない」ことには、やはり、がっかりせざるをえないのだ。

第7章でもふれるが、マスメディアの報道もひどい。おおむね警察・検察の情報の無批判な垂れ流しで、被疑者は暗黙のうちに犯人と扱われがちだ。再審についても、再審開始決定や再審無罪判決が出たときだけは、裁判所、国家がよいことをしたわけだから大きく報道するが、再審請求棄却決定や再審開始決定取消しの場合には、せいぜい、特別によく知られた事件について、おざなりな両論併記のコメントを付けて小さく報道する程度である。そして、こうした決定に関するある程度掘り下げた分析についてすら、幹部が、「そもそも、判決、決定についての掘り下げた分析や批判など、新聞に載せるべきではない」などといった信じられない反応をするという話を、記者・元記者たちから聞くことさえある有様なのだ。

たとえば、前記郵便不正事件についてみると、「朝日新聞」は、村木氏逮捕後の社説（二〇〇九年六月一六日）で、「村木局長は容疑を否認しているという。だが、障害者を守るべき立場の厚労省幹部が違法な金もうけに加担した疑いをもたれてしまった事実は重い」、「〔……〕キャリア官僚の逮捕にまで発展し、事件は組織ぐるみの様相を見せている。なぜ不正までして便宜を図ったのか。何より知りたいのはそのことだ」との驚くべき記述を行っている。「特捜検察に逮捕されたこと自体が社会的な罪だ。推定有罪だ」といわんばかりなのである。

ここで、前の章で引用した次のような内容の記述を思い出していただきたい（『お白洲から見る江戸時代』）。

「お白洲において一般的には砂利の上でなく縁側に座ることを許されていた身分（武士、僧侶等）の被疑者も、未決勾留を命じられるとともに、突然縁側から地べたの砂利に突き落とされて縄で縛られる。ここには、嫌疑を受けること自体を『罪』とする江戸時代の人々の見方が表れている」

先のような記述を社説で堂々と行う記者たちの「法意識」と江戸時代の司法官僚たちの法意識が実際にはいかに近いものであるかが、理解されるのではないだろうか。

もっとも、村木氏無罪判決後、朝日を含め各紙は一転して検察批判に回った。だが、同じように無罪になった場合でも、村木氏のような地位、肩書をもたない人間の場合には、マスメディアは、名誉回復には到底及ばないような最小限の扱いしかしないのである（以上につき、牧野洋『官報複合体——権力と一体化するメディアの正体』〔河出文庫〕。なお、この書物の行っている日本のジャーナリズム批判は一々もっともだが、それとのコントラストを付けるためか、アメリカのジャーナリズムについては光の側面のみを取り上げている印象はある）。

私は、被疑者・被告人の権利ばかりを言い立てるつもりなどない。しかし、推定無罪の原則、「疑わしきは罰せず、疑わしきは被告人の利益に」の原則は、いわば近代刑事司法のイロハである。それは、犯罪者を守るための原則ではなく、あなたや私、その家族や友人・知人、そして、名も知らないけれども人間としての同胞である無辜《むこ》の人々が被疑者・被告人となった場合に、私たちと彼らを、冤罪という名の国家による重大な過ちから守るための原則なのだ。

しかし、刑事司法をめぐる日本の現状をみる限り、ごく一般的、平均的な日本人の冤罪に関する法意識は、誰もそれを明示的に口にはせずとも、あえて意識の高みに引き上げて言葉を与えるなら、次のようなものなのではないだろうか。

「よくはわからないが、日本の刑事司法に問題があるとしても、冤罪はまれなことなのではないか。それに、冤罪被害者はお気の毒とは思うものの、やはり、犯罪がきちんと取り締まられ、犯罪者が確実に逮捕、処罰されることのほうが、より重要なのではないだろうか」

こうしてあからさまに言語化されたものを読むと、前の章の「犯罪と刑罰に関する日本人の法意識」の項目における同様のまとめの場合と同じく、不快に感じる方々もいるかもしれない。私自身、私の疑念が杞憂《きゆう》であってくれればと思う。

だが、現実をみれば、本章で論じたことからも明らかなとおり、日本は、今ではもはや、刑事司法、刑事訴訟手続の適正に関しては、「後進国」であることが否定できなくなりつつある。それは、おそらく、動かしにくい「事実」であろう。日本の刑事法学が「学問」としては洗練されているとしても、右の「事実」自体が変わるわけではない。また、そのような刑事司法の状況が、「ムラ社会の病理」の一端であり、「日本社会の中の『前近代的』」と評価されても仕方のない部分」であることについても、議論の余地はあまりないと考える。

そして、そのことについては、私にも、あなたにも、日本の市民の一人としての責任がある。

第6章

権利、所有権、契約、民事訴訟をめぐる法意識

この章では、前章までの記述をも踏まえつつ、法と権利、所有権、契約、民事訴訟といった基本的ながらやや抽象度の高い法的事項に関する現代日本人の法意識について、総論的な考察を行う。本章では、テーマとの関係で、民事領域の話題が中心となる。

右のような事柄に関する日本人の法意識を語る上で重要な業績といえるのが、まえがきでもふれたとおり、戦後における法意識研究の出発点となりその後の法意識研究にも大きな影響を与えた川島武宜『日本人の法意識』〔岩波新書〕である。本章では、川島の業績にも適宜触れつつ、私なりの分析を進めてみたい。

法と権利——権利は「公共的正義」の割当分

近代法においては、法と権利は不可分なものであり、実際、たとえばドイツ語やフランス語では、「法」と「権利」に、同じ言葉が当てられている（Recht, Droit）。

だが、近世までの日本語には、「権利」に当たる言葉がなかった。「権利」は、幕末から明治初期に、西周《にしあまね》等当時の啓蒙知識人によって作られていった多数の「新しい言葉」の一つなのである（正確にいえば、「権利」という言葉自体はすでに中国伝来のものとしてあったものの、その意味は異なっていた。それが、徐々に、ヨーロッパでいう「権利」の訳語として定着していったのである）。

けれども、明治時代の指導者たちの「権利」のとらえ方は、近代的な意味でのそれからはかなり遠かった。つまり、彼らの「法意識」自体に大きな限界があった。そのことは、大日本帝国憲法（以下、「旧憲法」という）の条文にも見てとれる。そもそも、旧憲法（前文を除く本文）には、「権利」という言葉が、わずか二回しか使われていない。うち一つは「第二章 臣民権利義務」という、国民の権利義務を規定した章のタイトル部分であり、もう一つは行政裁判所に関する六一条である。ちなみに、現憲法本文ではこの回数は二十一回だ。旧憲法は、人権、権利に該当する内容を規定する場合でも、「権利」という言葉自体を使い渋っている印象がある。

さて、旧憲法第二章は基本的人権について定めた現憲法第三章に相当する章だが、自由権の内容が限られ、また、そのすべてに、「法律の範囲内」という制約が付いている。旧憲法では、「国民」ではなく「臣民（君主の支配下にある国民）」という言葉が使われていることと相まって、明治政府には、国家の許容する範囲内での「制限された権利」しか「臣民」に与えるつもりがなかったことを示していよう。

このように、国民の権利の内実一つをとっても、旧憲法と現憲法では、決定的な相違、切断がある。

日本国憲法は、比較憲法という観点からしてもすぐれた、充実した内容をもっていると私は考えるし、それは、内外の研究者も認めるところである。この憲法の草案は、アメリカがまだその理想主義をかなりの程度に保っていた時代にアメリカ側の理想主義者が知恵を集めて起案したものであり、その意味で、アメリカの占領政策の恣意的側面からの影響はほぼ免れている。内容も、「もう戦争はいやだ。もっと自由な国であってほしい」という当時の日本市民、国民一般の切実な希望、期待をよく汲み取ったものであり、押し付けというのはあたらない。

しかしながら、GHQに提出された日本側の起草者の案が旧憲法の内容に大きく引きずられたものであったためにアメリカ側から拒絶され、その結果としてアメリカ側の草案によることになったという立法過程からも明らかなとおり、現憲法によって日本人が得た基本的人権は、欧米の場合のように長い闘争の成果として徐々に築き上げ、獲得されたものではなかった。右のとおり、アメリカによって与えられた側面があることは否定しにくいのである。

日本では、「権利」という言葉には、どこか、「ほしいままな自己主張」というニュアンスがつきまとっている。日常語で、「それは俺の権利だ」、「何言ってるのよ。私の権利よ」などといった使い方をするときの「権利」がそれだ。「義務」の直接的な反対語として使われる場合の「権利」についても同じことがいえる。この事態も、前記のような切断の結果としての、日本人の権利認識の浅さを物語っている。

前記のように「法」と同じ言葉が当てられる言語も存在するヨーロッパでの「権利」は、本来は、また理念的には、ほしいままな自己主張ではないはずだ。

この点については、水野教授の以下のような指摘が要点をついている（水野第1回中の記述につき瀬木が意味を補いつつリライトしたもの）。

「法と権利が密接に関連するのは、法が『正義』の体系だからである。そして、権利は、法が各人に割り当てた『正義の割当分、配当分』なのである。したがって、権利主張は、単に自分のためだけに行うものではなく、いつか同じ立場に立つあらゆる人々のために、つまり、『正義』のために行われるべきものである。しかし、日本では、『権利』の主張は、『義務』との対比において、つまり、単なるわがままな自己主張としてのみ、とらえられる傾向があるのではないか？」

これは鋭い指摘である。確かに、日本人の権利主張には、いつか同じ立場に立つあらゆる人々のため、また、「公共的正義」のためという厳しい自覚、認識が抜け落ちがちであり、言葉の上ではともかく、その実態をみると、自分一個の利益にのみ目がゆきがちな傾向が否定しにくいと思う。つまり、「法と権利の公共的側面についての認識の不十分さ」という問題がある。したがって、日本的保守派は、そこをついて、「自己の権利だけを主張して全体の利益をみないのは単なるわがままだ」と、論点・問題点をすりかえた批判、非難を行うことになる。つまり、「大きな正義の自己割当分としての権利行使」という自覚のない権利主張は、そこにつけ込まれやすい弱さを含んでいるのだ。

たとえば、第3章で論じた「共同親権」支持派の主張についても、日本では、主として、離婚後子に会いにくくなっている男性たちが行ってきたことから、「一歩誤ると父権の復活につながりかねない」との批判が出ている。対して、「単独親権」支持派の主張は、DV等に悩んだ離婚後の女性たちの立場を中心として行われている。

しかし、親権を考える場合、最も重視されるべきは「子の福祉、利益」である（その意味では、「親権」という言葉自体に、誤解を招きやすい側面がある）。そして、「子の福祉、利益」は、まさに「公共的正義」にかかわる事柄だ。もしもこの点を共通認識として権利主張や議論が行われるなら、夫側の主張も妻側の主張もこの「準拠枠」によって規整されることとなり、その結果、あるべき制度やその運用についての議論も、より緻密で実のあるものになると思われる。しかし、前記の議論、ことに夫側の議論には、「子の福祉、利益」を重視する公共的正義の要素がいささか稀薄なように感じられるのである。

また、前の章で論じた「冤罪に関する人々の法意識」の問題についても、日本人が「公共的正義」の感覚に乏しいことの帰結の一つといえよう。

現在の世界で相対的に民主主義の長所をよく生かしており、比較的各種の平等性も高いのは、かつてはヨーロッパの辺境だった北欧の小国群であろう。その北欧諸国の強烈な個人主義は、同時に、「正義と公共の感覚」に裏打ちされている。いいかえれば、北欧の強烈な個人主義は、本当の意味における公共の利益のためには、個人はそれぞれの「我」を抑えて協力すべきである、という側面をも含んでいる。たとえば、高負担による高福祉を実現し、能力主義と小さな所得格差がセットになっているデンマークのような社会は、そうでなければ到底成り立たない。

デンマークの国会議員の年収は大卒者の平均レヴェルだが、政治はクリーンで、汚職もないという（ケンジ・ステファン・スズキ『消費税25％で世界一幸せな国デンマークの暮らし』〔角川SSC新書〕）。数ばかり多く、高給を食《は》み、特権を振りかざすが、法を軽んじ、汚い金まみれで、教養識見にもヴィジョンにも乏しく、社会のために役立っているのかきわめて疑問な人々がかなりいるという、どこかの「先進国」の議員たちとは、相当に異なるようだ。

そして、残念ながら、日本人一般についてみても、確かに礼節を重んじ、街はきれいに保つものの、先のような意味における「公共的正義の感覚」についてみると、比較的乏しいのではないだろうか。

さて、川島は、前記の書物で、日本人の権利意識の薄さ、乏しさを強調し、その原因について、日本では、基本的に、「権利」に当たるものは上位者の「恩情」によって与えられるものにすぎなかったからと説明する。なるほど、そういう面はあるだろう。しかし、第2章で述べたとおり、江戸時代の百姓たちには果敢な「権利主張」を積極的に行う側面もあったことを考えるなら、「権利は恩情によって与えられるものにすぎなかった」というのは、あくまで表向きの建前だったともいえよう。

その章でも分析したとおり、近世までの日本には権利という普遍的な概念はなく、特に個人の権利はかえりみられにくかったが、「村や家に関係する限り、実質的な権利観念は強固にあった」というほうが正しいと思われる。そして、明治維新以降敗戦までの時期には、こうした江戸時代固有の権利観念が衰えてゆく（あるいは、国家政策の下に再編成されてゆく）一方、欧米的な意味での個人としての権利意識は、為政者たちの望むものではなかったためにあまり発展しなかったというほうが、実態のより正確な描写といえるのではないだろうか。

所有権に関する法意識

所有権は、いうまでもなく権利の代表格であり、法学においてもさまざまな点で別格の扱いを受けている。ところが、この代表的な権利に関する日本人の法意識は、時としてきわめてあいまいなのである。

そのことによって生じる問題の典型的なものは、「土地や建物の所有権に関する登記の名義を確たる理由もなく他人のものにしておいた結果、あとから深刻な紛争になる」という例だろう。

たとえば、Aさんが、義父の土地を無償で借り（使用貸借）、そこに自宅を建てたのだが、なぜか、その登記名義は義父のものにしておいたといった例である（拙著『我が身を守る法律知識』〔講談社現代新書〕第1章）。その結果、義父の死後に、その遺族（Aさんの妻は除く）との間に紛争が起き、Aさんは、建物の所有権確認の訴えを起こすことになる。「登記は義父のものだが実は所有権は自分にある」という主張だから、立証も必ずしも簡単ではない。また、勝てたとしても、賃借権よりもはるかに弱い権利である使用貸借権は相当期間の経過で終了するから、その後に義父の遺族から建物収去土地明渡しの訴えを起こされれば、敗訴せざるをえない。

では、Aさんを含め、こうしたおかしな処理をしてしまう人々は、なぜそうするのだろうか？　訴訟では、「税金対策になると聞いたからです」などといった説明がよくなされる。しかし、そうはいうものの、それではどのような税がどのように節税（脱税？）されたのかは、一向に定かでないのが普通なのである。

私は、こうした人々が実際にそうした理由は、「他人の土地にただで建物を建てさせてもらったのだからそのお礼的な意味で」、「そういう相手から、『名義はとりあえず自分のものにしてくれないか。税金対策になるとかいう話もあるし』と言われると反論しにくかったから」などといったことではないかと考えている。

法的には、先の拙著にも記したとおり、「他人の土地の上に建物まで建てさせてもらうなら、土地は賃貸借で借りて賃料を払う」という処理が適切なのである。しかし、法律にうといことと、「ただで貸してくれるというのに賃料を払うなんてもったいない。それに、契約書をきちんと作って賃貸借なんて、水くさくて言い出しにくい」といった情緒的、刹《せつ》那《な》的な理由から、先のようなことになってしまいやすいのだろう。

以上は、数十年間考え続けた上での私の推測である。しかし、日本人が、このように、その時々の「気分」や「雰囲気」に類する事情（その場の「空気」）によって重大な紛争の種をみずからまいてしまいやすいのは一体なぜなのかということになると、私も、今なお十分には理解できていない。

この点につき、川島は、「近世の日本には、客体に対する包括的、絶対的、観念的支配権という意味での所有権は存在せず、それぞれの主体が一つの土地の上に重畳的な権利をもっていた」とし、そのことから演繹《えんえき》して、「現在でも、日本人の所有権に関する意識は弱く、かつ排他的なものではないのだ」という。

確かに、日本の近世における所有権の相対性は、法制史学者や歴史学者の共通理解である。村や百姓は、大名等の領地についてもしばしば一定の利用権をもっていたし、共有の入会地も多かった。第2章で分析したような百姓たちの訴訟には、こうした利用権についての争いも多数あった。

しかし、所有権の相対性に関するそうした法意識が現代にも強く残存するとして川島の挙げているような事例は、現在の日本人にはもはや当てはまらないものが多い。

今日の日本人は、川島がいうように、空き地に無断で立ち入ったり使用したり、他人のものを罪の意識なく自分のものにしたりはしない。確かに、私が子どものころには、まだ、空き地は当然に子どもの遊び場だった（一九六〇年代ころまでの漫画を参照）。だが、それは、今ではもうありにくいことだ。

日本の民事訴訟に特徴的な前記のような事態を、川島のいうような江戸時代の法意識の残存だけで説明することは難しい。それは、せいぜい、付随的な根拠の一つにとどまるものではないかと考える。

この点については、次に論じる「契約に関する法意識」とも関連する事柄なので、それについて述べた後に、「日本人のあいまいな法的意識の『深層』」の項目で、併せてさらに分析したい。

契約に関する法意識

契約に関する法意識は、おそらく、日本人の法意識の中で、戦後の長い期間を通じて、根本的には最も変化しておらず、したがって、今日でも一般的に問題の大きい部分であろう。

日本の民事訴訟のかなりの部分は、契約に関する以下のような問題から生じる。

①契約をしたか否か自体が不明確である（重大な契約なのに口約束しかしていないなど）。②契約はしたがどのような種類の契約なのかが不明確である（親子等の親しい親族間で金銭を交付したが、契約書がないので、贈与なのか貸金なのかがわからず、そもそも、各当事者の契約時の認識自体からしてあいまいであるなど）。③契約の重要事項が不明確である（重要な事柄につき契約書で明確に定められていない）。④口頭でなされた実際の契約の内容が契約書の記載とは異なる（建前と本音の分離）。

契約をする以上、契約書でその内容を明確に確定し、起こりうるさまざまな意見の食い違いや紛争を予防しておく必要があるという意識が、きわめて稀薄なのだ。

これは、第2章で論じた日本の法思想のうち、「和の精神」や「状況主義」のよくない部分の結果であり、また、安易に人の言葉を信用し、あるいは自分に都合よく解釈してその根拠を問わない「誤った性善説」、近代法の要求する「個人としての自己責任の感覚の欠如」、「リアリズムに基づく危機管理意識の欠如」等の結果でもある。

また、「契約、約束をした以上それに縛られるという意識が稀薄」なことから紛争が生じる例が多いのも、日本の民事訴訟の一つの特徴であろう。重大な事柄を口約束で簡単に決めたり、「迷惑はかけないから」といった言葉に乗せられて安易に連帯保証契約を締結したりといった例が典型的だ。前の項目でふれた所有権に関する登記の例にしても、みずからの意思でそうした以上その結果については責任を負わなければならないという意識に欠けることから、重大な紛争が生じているのである。

そういうわけで、川島書の「契約についての法意識」の章（第四章）の記述は、この書物の中で唯一、今日でもなお現実の日本社会に当てはまる部分の多いパートであろう。視点は多少異なるものの、本書や『我が身を守る法律知識』の記述と重なる部分もかなりある。特に、庶民の契約意識について、「拘束力があるような・ないような『合意』あるいは、『契約』であるような・ないような状態」と描写している部分はうまいと思う。

契約の内容を細かく確認したり、それを証する書面を作成したりすること自体が相手に対する不信の表れとみられる、保証に関して「法的義務を負う」という意識が薄いなどの事柄についても、今日でもなお存在する法意識のかたちである。

日本人のあいまいな法的意識の「深層」

以上二つの項目で論じた事柄を視点を変えて再度整理すると、所有権や契約に関する法意識につき今日の平均的市民にも当てはまりやすい事柄は、①「知人や隣人との関係で権利義務関係を明確にしておくのをきらうこと」、②「契約ないし契約書の内容を十分に詰めないこと、特に定型的文書が用意されているとそれを適切に修正しない場合が多いこと」であり、法的な意識のもち方のより稀薄な人々にありうる事柄は、③「実際の契約や約束、あるいは実際の権利関係と異なる内容の書面、登記等を作り出し、また、そのような状態を放置することによって、そうでなければ予防できたはずの深刻な法的紛争を生じさせてしまうこと」であろう。

そこで、以下、これらの事柄につき、私自身の個人的な体験をも含めながら、さらに掘り下げて、検討、分析してみたい。

(1) 親しい関係で権利義務関係を明確にしておくのをきらうことについて

これについては、私の実家と隣家の土地の境界が不明確であるような気がしていたことから、できれば確認しておいてくれるよう父に頼んでいたにもかかわらずそのままになっていたために、父の死後土地建物を売却した際に隣地の所有者からちょっとしたクレームが出そうになったことがある。日本人には珍しい徹底した合理主義者であった父にして、なおこうなのである。

このような事態の背景にあるのは、すでにふれたとおり、「親密な関係やすでに信頼を築いた関係の中で権利義務関係を明確にするのは水くさい」という意識であろう。これは、最も一般的になお日本人の間に残っているものではないかと考える。なお、私自身、最初の専門書出版社では、出版契約書を作成した記憶がない。

(2) 契約ないし契約書の内容を十分に詰めず、特に定型的文書が用意されているとそれを適切に修正しないことについて

これについては、ハウスメーカー（大企業である）との間の住宅建築工事請負契約締結時に定型的な「契約書雛形」の一部について私が修正を申し出たために、担当者が、異例の本社決裁、取締役レヴェルまでの決裁をとったことがあった。

私が修正を申し出た条項は、建築の途中で地震が起こってすでに建てた部分に被害が出た場合についての民法上の「危険負担」、すなわちいずれが被害についてのリスクを引き受けるかに関するそれである。雛形では、「適宜話合いで解決する」との条項になっていたが、それでは不明確で争いのたねになりうるためその内容を明確にしただけであり、特に理解が難しいようなものではない。また、私が提示した双方の危険負担の割合も、会社に不利なものではなかった。

実際、相談を受けた会社の顧問弁護士も、「趣旨は明確であり、会社としてもこれで問題はないでしょう」との意見だったという。にもかかわらず、私が契約を行った支店のどの担当者にも、この条項を含め、定型契約条項修正の経験はないということだった。また、私の申出があった後にも先の不明確な条項が修正されずそのまま使われていたであろうことも、容易に想像がつく。

こうした事態については、まず、「そうしようとすればできる能力は十分にあるにもかかわらず契約内容をはっきりさせない」点につき、微妙な問題について一義的に決めずあえて不明確なままにしておくことによって、個々の事案に応じかつ相互の信頼関係を前提とした解決を図りたい、という目的が考えられる。しかし、これは、契約書を作成するそもそもの目的とは背馳した考え方である。また、双方の意向がかみ合わず紛争になれば、結局は、より力の強いもの（個人と大企業では、当然大企業）に有利な解決という結果になりやすいことも、明らかであろう。

「定型的文書が用意されていると容易にそれを修正しない」点は、より分析が難しい。これは、「日本のレストランは基本的にサーヴィスがよいが、メニューにないものとなると、ジュース一杯、ミルク一杯でも出してくれないのは不可解だ」という、よくある外国人の苦言にも通じる事柄である。書かれた「きまり」は基本的に絶対であり、修正はきわめて困難なのである。

私は、こうした事態の背景に、整えられた書き言葉という一種の「物神《ぶっしん》」に対する崇拝の思想があるのではないかという気がしている。少なくとも、そこには、「契約は相互の協議と調整によって成り立つものであり、定型的な契約書雛形ないしはこれに類するものはあくまでその一つのサンプルにすぎないのだから、内容に不適切な部分があれば修正するのが当然」といった発想は乏しい。

法令にせよ、各種の規約にせよ、雛形の類にせよ、校則等のその多くが意味に乏しい規則類にせよ、レストランのメニュー（これは、法的にみれば、「契約申込みのための定型的カタログ」にすぎない）にせよ、一旦作られた「規範・きまり」が物神的なものとなって関係者を呪縛するという感覚は、今日では薄いものとなっているにせよ、私たちの文化的意識、感覚の中に、なお残存しているような気がするのだ。あえていえば「言霊《ことだま》」崇拝的な感覚とでも表現できるだろうか。もっとも、言霊は「発声言語」だが、今日の日本では、「書かれた言葉」の呪縛力のほうがより強いようである。

つまり、そこには、対等な関係者が相互の協議によって契約や規範を作るといった「近代の契約思想、民主主義思想」とは異なった、ある種の根深くて起源も古い土俗的な意識の働き方があるように、私には感じられるのである。

なお、以上は個人レヴェルだけの問題ではない。たとえば国際的な契約についても、弁護士たちから、「日本企業は提示された契約書案の内容を十分に検討し詰めないためにあとから大損をすることが非常に多い」と聞いたことがある。

(3) 実際の契約や約束、あるいは実際の権利関係と異なる内容の書面、登記等を作り出し、また、そのような状態を放置することについて

これについては、前記の「土地や建物の所有権に関する登記の名義を確たる理由もなく他人のものにしておいた結果、あとから深刻な紛争になる」ケースが典型例だ。

これは、日本の精神的風土の問題、その大きな特色の一つである「建前と本音の使い分け」、その二重基準《ダブルスタンダード》ということと関係していよう。

二重基準には、実際的な理由・根拠がある場合も存在する。政治家を始めとした権力者、また権力的機構、あるいは企業等が意図的に二重基準を使い分ける場合が典型的である。こちらはわかりやすい。また、程度の差はあれ、どこの国にでもあることだ。もっとも、当事者がその使い分けをみずから意識している度合という点からみるなら、日本では使い分けがより「無意識的」である場合が多く、したがって、そのことに関する「自覚」や「悪・罪の意識」にも乏しいとはいえるかもしれない。

心理学的にみてより難しいのが、なぜ二重基準を使うのかがよくわからない場合である。

たとえば、税金対策（はっきりいえば、かなりの場合、「脱税」である。少女売春を「援助交際」と呼んだのと同じ「心理的機制」）といった動機・目的が本当に明確でありそれを証する確かな証拠もあるなら、その是非はおくとしても、二重基準は、それなりに理解しやすい。しかし、なぜ面倒な二重基準を用いたのかが関係当事者らにもはっきりわかっておらず、紛争が起こって初めてその問題が明確に意識されるというケースが、日本の民事訴訟ではかなり多いのだ。

こうなると、もはや、「二重基準が『無意識の心理的機制』として血肉化しているのだろうか？」とでも考えたくなるのだが、冗談でなく、実際そうなのかもしれないという気のすることがあった。たとえば、先に挙げた「登記名義に問題のある類型」の事件では、訴訟を重ねれば、法律適用の結果、最終的には、当事者のどちらにとっても痛みを伴う結果になる。だから、法律家は、裁判官、双方の弁護士ともに、合理的な和解を考えるほうがよいという認識で一致する。しかし、当事者本人はそうとは限らず、前記の事案では、実態と異なる登記を作出して紛争の根本原因を作った当事者が、「法律では裁判官のいわれる経過になることはわかるが、そのような法律のあり方には納得がゆかない」として、最後の段階で和解を拒否した。

和解をするか否かは最終的には当事者本人が決めるべきことであり、当事者には、有利な和解であっても拒否する自由があるから、そのこと自体はかまわない。

しかし、和解拒否についての先の理由は、日本人の法意識に固有な特質を象徴するものであり、実に興味深い。自分が紛争の原因を作ったことは棚に上げて法律が悪いというのは、いわば駄々っ子の論理であり、近代法の論理・世界標準からすれば、到底通りようがないのみならず、理解すらされにくい言い分だからである。

このような、論理を拒否した無意識的な二重基準指向は、「物事を明確にすることをきらう傾向」、「規範やきまりの物神化」等の惰性、帰結として、特に根拠や動機もなく生じうる場合があるのではないだろうか？

民事訴訟――日本人は「裁判嫌い」なのか？

日本では欧米と比べて人口比の民事訴訟数が相対的に少ないが、これはなぜだろうか？

この点につき、川島書の最後の「民事訴訟の法意識」では、「訴訟で黒白をつけることが日本人の友好的な協同体的関係の基礎を破壊するからである」とされている。つまり、「日本人の裁判嫌い」がその原因だというのである。しかし、これについては、独断的だとする批判も多い。この論点は現代日本人の法意識とも深くかかわるものなので、やや詳しく論じてみたい。

私も、基本的には、川島のこの見解は、かなり単純化された議論だと考える。

もっとも、民事訴訟の提起に対するためらいや距離感についていえば、私が裁判官に任官した一九七九年に近い時期には、庶民的な人々の間では、訴えを提起し、あるいは提起されること自体が恥ずかしいことだという意識がかなり強かったのは事実だ。また、民事と刑事の区別もあまりよく認識されておらず、当事者本人が、「こうして裁判沙汰にされてしまって……」、「近所でも評判になって……」といった、裁判制度全般への距離感をあらわにした言葉を和解の席等で無意識のうちによく口にしていたのは、鮮明に記憶している。

そのような言葉をほとんど聞かなくなったのは、一九九〇年代に入って以降、つまり、日本経済が低成長期に入ったころ以降のことだった。そうした意味では、民事訴訟制度に対する人々の意識のもち方が欧米並みになってきたのは、比較的近年のことなのかもしれない。

また、日本人は、本来、個人的なレヴェルでは慎重な人々であり、争いを好まないし、裁判という、みずからの行為の理非が証拠と論理によって截然《せつぜん》と垂直的に裁断される事態については、できれば避けたいと考える人が多いだろう。私自身、自分自身が訴訟当事者になる事態は、あまり考えたくない。

以上のような意味では、「日本人の法意識は、訴訟についてあまり親和的ではない」とはいえる。

しかし、一方、私の三十三年間の裁判官経験では、そのような日本で人々があえて訴訟を提起する動機としては、紛争について、和解ではなく判決によって事実関係と結論を明確にしてもらいたいというものもかなり多い、というのが事実である。

それに、訴訟が好きか嫌いかといった言い方をするなら、訴訟が「好き」な国民など、まずないであろう。病院や歯科医院にゆくのが「好き」な国民があまりないのと同じことである。

裁判によって理非を明らかにしたいという欲求自体はかつてに比べ高まっているにもかかわらずなお日本の民事訴訟が比較法的にみて少ない原因としては、日本人の法意識が訴訟についてあまり親和的ではないことと並んで、訴訟にかかる費用と時間が普通の市民にとっては予測しにくいこと、弁護士の数が最近までは非常に少なかったこと、制度の不備、法教育の不十分さや法的リテラシーの未熟さ（法意識の未熟さは、法的リテラシーの未熟さにつながる）、裁判官や弁護士の姿勢、政治家を含む権力者の考え方といったことが、大きなものとして挙げられるのではないかと思う。

制度の不備としては、日本の法律扶助制度が国際的にみれば「後進国水準」であり、せいぜい訴訟費用が立て替えられうるにすぎないことの問題が大きい。普通の市民の身近な紛争の大部分は弁護士の採算ベースに合わず、国家の関与するリーガルエイドによって弁護士の報酬が支払われなければ、その関与は望みにくい。逆に、リーガルエイドの制度が充実していれば、二〇〇〇年代の司法制度改革によって増加し、生活に困窮する者さえいるという若手弁護士についても、一定の能力さえ備えていれば、それを社会のために生かすことはできるはずなのである（拙著『民事訴訟法〔第2版〕』〔日本評論社〕の項目四四三）。

裁判官や弁護士の姿勢については、次のような問題が挙げられよう。

①裁判官が事件の早期多数処理を急ぐために当事者を強引に説得して和解を押し付けがちな傾向（裁判所・裁判官のこうした傾向は、江戸時代以降現代まで、実に一貫している）。②弁護士も、和解であれば成功報酬が確実に手に入ること、はやっている弁護士の場合和解で手持ち事件が整理できることもあって、意識的・無意識的に依頼者の意向を軽んじて和解の方向に動かされやすいこと。③日本の裁判官が請求認容のハードルを高く設定しやすい傾向。④弁護士報酬基準の設定が各弁護士にゆだねられていることなどから、弁護士と接する機会のない普通の市民にとっては、弁護士費用がどのくらいかかるかの予測が付きにくく、したがって弁護士を依頼しての提訴に踏み切りにくいこと。

最後に、政治家を含む権力者の間では、日本では、伝統的に市民個人の権利はあまり重視されておらず、したがって、訴訟制度に対する関心も低い。行政訴訟等の統治と支配の根幹にかかわる訴訟はできる限り押さえ込みたい、また、庶民のどうでもいいような紛争など、費用や手間をかけず和解で早く終わらせるに越したことはない。そんなところが、口には出されない暗黙の共通認識であろう。

この点に関しては、明治時代に新たに裁判所制度が創設された当初の民事訴訟新受事件数、また勧解（裁判所の調停と類似の制度）の申立新受事件数が当初は非常に大きかった（訴訟だけでも人口比で現在の三倍程度はあった）が、その後いずれの件数も急速に減ってしまったという事実も参考になる。

その理由については、明治政府の訴訟抑制政策によるところが大きかったのではないかとの意見が多いが、制度発足当初には、人々が従来から抱えていた紛争について一斉に申立てを行ったから件数も多かったのだとの分析もある。私も、後者も一つの理由ではあるものの、より大きな理由は、前者の訴訟抑制政策ではないかと考える（以上につき、林屋礼二ほか『統計から見た明治期の民事裁判』、『明治前期の法と裁判』〔ともに信山社〕）。

裁判官が司法省の傘下にあり、その役割についても国民の権利保護ではなく広義の治安維持に重点が置かれていた明治期の裁判所の民事事件に対する姿勢について、人々が失望し、その傾向が戦後までずっと尾を引くことになったという推測も、成り立ちえないではなかろう。

以上のとおり、日本の民事訴訟が比較法的にみて少ないことの理由は、まさに日本人各層の法意識の根源にかかわる、根の深い問題なのである。

ところで、二〇〇〇年代の司法制度改革後弁護士の数が非常に増え、裁判官数もかなり増えたにもかかわらず、地裁民事訴訟（通常訴訟）新受事件数は、いわゆる過払利息返還請求訴訟が多かった時期に増えただけでその後は減少傾向を示し、現在では、実に、「司法制度改革前の一九九〇年代後半よりも小さい数字」になってしまっている。

この事態については、「弁護士や裁判官を増やすことによって司法制度を使いやすいものとし、潜在的な訴訟を掘り起こす」という司法制度改革の最大の目的とは真っ向から背馳するものだ。つまり、その意味では、司法制度改革が成功したとはとてもいえない。また、こうした事態の原因については、制度設計が確かな見通しに基づいたものでなかったこと、前記のような法律扶助制度の不備等の問題もあるが、何より、裁判所が、また司法全体が人々から必ずしも信頼、期待されていなかったことが、大きなものとして考えられる。少なくとも、その原因を人々の法意識だけに帰することはできないであろう。

第７章　司法、裁判、裁判官をめぐる大いなる幻想

この章では、日本人の法意識のうち、司法、裁判、裁判官をめぐる幻想という側面について、いくつかの観点から集中的に論じる。

国家権力の中でも、司法は、「権力をチェックする権力」という、特殊な、また矛盾を内包した権力であることから、それをめぐって、さまざまな幻想、神話、神秘化（ミスティフィケーション）が生じやすい。そして、日本という風土においては、人々の司法イメージ・法意識と近代的なそれとの乖離《かいり》という事情もあって、この傾向が特に強く表れやすい。

こうした幻想は、司法に関するリアルな認識、正確な分析を妨げるものであり、その意味で有害なのだが、わかりやすくて記憶に残りやすいため、かたちを変えて、何度でも繰り返し再生してくる。したがって、司法について考える際には、常にその存在を意識にとどめておく必要がある。裁判と裁判官の本質や役割、また日本におけるその問題点（より広くいえば司法の問題点）について考えを深めてゆくために必要、適切なヴィジョン、パースペクティヴの確立のためには、こうした幻想についての正確な認識が、必要でもあり有益でもあるのだ。

そのために、まず、1で裁判・裁判官の本質と役割、それらのはらむ矛盾について、法社会学的・法哲学的な観点をも含めつつ実証的に概観し、2で裁判と裁判官をめぐる儀礼・幻想・神話、ことにその日本的な形態について考察する。3では日本の司法ジャーナリズムの問題と右の幻想との関係について述べる。最後に、4では、一つのケーススタディーとして、裁判官弾劾で罷免された岡口基一元判事の過去の言動・言説につき、こうした幻想に対するアンチテーゼとしての意味をもちえたのかを考えてみたい。

1　裁判・裁判官の本質と役割、それらのはらむ矛盾

裁判と裁判官の役割

まず、現代社会における司法、裁判の役割について考えてみよう。

①割合として最も大きくかつ日常的なものである民事訴訟は、当事者間の権利関係を確定させ、紛争を最終的に解決するものである。「自力救済禁止」の反面として、国家により、民事保全、訴訟、民事執行等の一連のシステムが設けられている。

②刑事訴訟は、国家の刑罰権の発動であり、権力作用としての側面が①よりも強い。そして、その分、より強力な幻想に縛られてもいる。

③現代社会においては、「民事訴訟」と区別される手続である「非訟」も重要である。これは、権利関係の存否確定をもっぱらの目的とする「民事訴訟」とは異なり、私人間の生活関係に国家が介入し適切な調整を行うことを目的とするものだ。家裁家事事件の主たる

対象は非訟的事項である。これには、争訟性の高いもの（たとえば遺産分割事件等）と、争訟性の低いもの（たとえば成年後見申立事件等）とがある。

④司法の「権力（より広くいえばシステム）チェック機構」としての側面、また、「新たな社会的価値の創出」にかかわる側面は、行政訴訟、いわゆる憲法訴訟、国賠訴訟、刑事訴訟等で強く表れるが、広くみれば、①から③のすべてがこの要素を含みうる。

以上につき、裁判官の果たすべき役割という観点から簡潔にまとめるなら、次の二つの事柄が重要といえよう。

（A）個々の紛争や事件が社会の中でもつ意味をよく理解した上で的確な判断を行うこと、すなわち「ささやかな正義の実現」を図ること。

（B）広い意味における「権力チェック機構」としてほかの権力のゆきすぎや問題を是正し、また、価値関係訴訟について新たな社会的価値の創出を図ること、すなわち「大きな正義の実現」を図ること。

しかし、最高裁によって人事を統制されたヒエラルキー的キャリアシステムの「司法官僚裁判官」による日本の裁判については、裁判官の視線が、ともすれば、当事者の方よりも、最高裁ないしその事務総局の方を向きがちである。したがって、（A）の点についてゆがみが生じやすく、たとえば、民事では、早期事件処理のための和解押し付け傾向、重大な社会的結果の生じる事件について認容を渋り、事なかれ主義の却下や棄却ですまそうとする傾向、刑事では、有罪推定指向が強く被疑者・被告人の人権には鈍感な傾向が生じてくる。また、（B）の側面については、日本の司法は、国際標準からみても、きわめて不十分にしか機能していない。

なお、日本人が世間一般と同様のこととみてさほどの違和感や疑問をもたない「裁判官が行政官僚と同じようなかたちで、ピラミッド的、相撲の番付的な官僚機構の『出世』の階段をのぼってゆく」というシステムは、英米のみならず、ヨーロッパにもあまりみられない、特殊日本的なシステムである。すなわち、英米では法曹一元制度が採られているし、ヨーロッパでも、空いたポストに、適切な裁判官が、場合によっては応募等をも経て任命されるのであって、裁判官の「出世」という観念自体があまりない。

また、裁判機関としての最高裁については、海外の研究者からも、「日本の最高裁ほど違憲立法審査権の行使をためらう裁判所を世界中でほかに見出すことは困難」との評価さえ出ていることを指摘しておきたい（デイヴィッド・S・ロー著、西川伸一訳『日本の最高裁を解剖する――アメリカの研究者からみた日本の司法』〔現代人文社〕）。

司法権力の性格とその矛盾

さて、司法は、「国家権力の一部」でありながら、「ほかの権力をチェックする」役割をも期待されている。これは、実をいえば、きわめて深い矛盾を含む事柄である。権力の自己批判という側面があるからだ。したがって、それを可能にするためには、司法と裁判官の、ほかの権力からの可能な限りの独立を確保しておく必要がある。

しかし、司法が「権力チェック機構」としての役割を果たすと、ほかの権力は、手かせ足かせをはめられる場合が出てくる。これは、ほかの権力にとってはきわめて不都合で面倒な事態である。

だから、ほかの権力（広義の「権力システム」の構成者であり、政治・経済界等の各種圧力集団をも含む）は、さまざまな方法によって、司法を骨抜きにし、「権力補完機構」化したがる。そして、人々の法意識が十分に近代化されておらず法意識と近代法との間に大きな溝、ずれがある国、民主主義の成熟度の低い国、また民主主義の傾いている国ほど、そのような事態が起こりやすい。

さらに、司法は、行政や立法のように、現実的で強大な、リアルに目にみえるようなかたちでの権力も、もってはいない。一定の精神的「権威」はあっても、むき出しの「権力」には乏しいのが司法の特色である。

以上のような意味では、司法は、本質的な矛盾、弱さを抱えた権力であるといえよう。したがって、司法がその独立性を確保するためにほかの権力や世論と対峙してゆくのは、容易なことではない。裁判官に、十分な気概、ヴィジョン、自己認識が必要なのである。

だが、にもかかわらず、個々の事件については、裁判官の判断は絶対である。裁判官が原告勝訴といえば原告勝訴、無罪といえば無罪、さらに、考えてみれば恐ろしいことなのだが死刑といえば死刑なのであって、当事者がたとえ国であっても、三審級を一体としてみたときの裁判官の判断には、従うほかない。国家権力発動の直接的かつ最終的な局面としての司法の強さもまた否定できない、ということだ。

そして、以上のような司法・裁判官の弱さと強さは、同じコインの二つの側面、裏表なのである。

市民としては、これらの事柄をよく認識した上で、司法、裁判官がその強さを適切に発揮し、権力チェック機構、社会的価値創出・人権実現機構としての役割を果たしうるよう、バックアップと監視の双方を行ってゆく必要があるのだ。

裁判官と「法」の関係

ここで、裁判官と「法」の関係についてもふれておきたい。

裁判官は、認定された事実に法を適用して判決を行うとされる。これは、大筋では正しい。しかし、実際には、事実認定自体評価的な作業であり、法の適用についてはさらにそういえる。また、現実の裁判では、裁判官の判断は、総合的な直感でもたらされる部分が大きい。これは、たとえば執筆や研究等の総合的な創造作用一般についてもいえることであり、脳神経科学者等自然科学者の多くも肯定している。

もっとも、判決を書く際には、経験則（経験から帰納された物事に関する知識や法則）を前提とする事実の積み重ねによって結論が導き出されたように書かなければ、説得力がなく、検証も難しいので、そうする。しかし、これは、裁判官にとっては、実際には、後付けの検証過程なのである（陪審員裁判の場合には、基本的に、結論だけがブラックボックスで示される。「市民による裁判なのだからそれでよい」との考え方に基づく）。

「リアリズム法学」の代表格の学者・実務家（弁護士、裁判官、行政官）、ジェローム・フランク（一八八九～一九五七）は、こうした裁判官の判断過程を直視し、「法」が固定した不変のものであってそこから演繹的に結論が導き出されるという伝統的な考え方をドグマとしてしりぞけた。そして、社会・人文科学一般の分析を援用しながら、実際には、裁判官こそが、法を欲し、法を創造し、また、変更しているのであり、書かれた「法」は、裁判官が判断を行うに当たっての「一つの素材」ないしは「判断を規整する一つの枠組み」でしかないとした。

彼は、判決は、「法律」と「事実」によって決定されるというよりも、いずれかといえばむしろ、「（広義の裁判過程において裁判官に与えられる）刺激」と「（裁判官の）人格」によって決定されると定式化した。ここで、「刺激」というのは、裁判官の外側から裁判官に働きかける諸要素であって、証拠、法律のほか、世論等の社会的な諸要因をも含み、「人格」というのは、裁判官個人に属する諸要素であって、性格、各種の偏見ないし嗜好、習慣ないし性癖等を含むと考えられる。

要するに、フランクは、法的判断とは、法をその規整の枠組みとしながらも、本質的には、裁判官の個人的な価値選択であり、政策判断であり、その全人格の反映であると論じたのである（以上の記述については、フランクの著作『法と現代精神』〔棚瀬孝雄・棚瀬一代訳。弘文堂〕、『裁かれる裁判所』〔古賀正義訳。同〕のほか、田中成明ほか『法思想史〔第2版〕』〔有斐閣〕を参考にさせていただいた）。

フランクのリアリズム法学は、アメリカにおける哲学流派、哲学的方法の代表的なものであるプラグマティズムの系譜を引いている。私自身の思想もプラグマティズムから大きな影響を受けており、また、フランク同様理論と実務の双方にたずさわってきた人間だという事情もあって、私には、うなずける部分が大きい。

もっとも、フランクの考え方が当てはまる度合は、単純・定型的な事件の場合ほど小さく（そうした事件では、事実認定も簡単であり、法の適用も一義的である。たとえば単純な貸金事件等）、社会的価値、大きな正義の実現にかかわる事件ほど大きくなる。

よくいわれる「裁判官の良心」（憲法七六条三項）というものの実質も、こうした裁判過程の社会科学的な考察を基盤にしないと、単なるイデオロギー論争になってしまうおそれがあることには、留意していただきたい。

2　裁判・裁判官をめぐる儀礼と幻想

裁判の神格化と儀礼・幻想の必然性

1で論じたとおり、司法、裁判、裁判官は、国家の根幹的機能の一翼、特にその自制的機能をになうべき存在だが、現実の裁判についてみると「さまざまな影響を（たとえば最高裁等の）権力、また社会から受けている裁判官による価値判断」という要素も大きい。しかも、そうした判断過程の実質はオープンにされない。また、日本では、他分野の知識人等によってそれらが議論、分析されることも少ない。そして、司法権力は、本来的にも、1で述べたような矛盾をはらんだ存在である。その正当性につき多くの人々が少なくともうっすらと疑いを抱きがちなことには、十分な理由があるのだ。

裁判の神格化、裁判・裁判官をめぐる儀礼と幻想が生じてくる、生じざるをえない必然性は、おそらく、ここにある。儀礼や幻想は、裁判・裁判官のイメージに正当性を付与するとともに、人々をも安心させる効果をもつ。

神ならぬ裁判官には「絶対的に正しい裁き」は行えず、それが行いうるのは、あくまで「相対的に正しい裁き」にすぎない。さらに、裁判それ自体は、実をいえば、裁判官の法的なサポートを受ければ、素人である陪審員だけでもできるものなのだ。裁判官は、確かに法的知識を備えた専門家でありその点では一般市民よりもまさっているが、一方、すでに述べたとおり、権力の意向や世論からの影響も受けやすい。そして、制度の組み立て方によっては、日本の場合のように、ことにその傾向が強くなりやすい。

また、一般的にいっても、たとえば、刑事訴訟における有罪無罪の判断などは、必ずしも高度な法的知識が前提とされるものではなく、むしろ、素人の常識的で健全なセンスが適切な結果を導くことも多いのだ。

実をいえば、以上のようなことが、「裁判をめぐるリアルな真実」なのである。

しかし、裁判がそのように相対的なものにすぎないのが明らかであっては、裁判を受ける人々にとっては心もとないし、社会に対する説得力も乏しくなる。

だから、法廷は、少なくとも、そこが「絶対的に正しい裁き」を下す場所であるかのような印象を与えるものにしておく必要がある。また、現在のシステムから有形無形の利益や既得権を得ている人々にとっては、人々が司法に幻想を抱いてくれているほうが、絶対に都合がいい。

こうした要請から、裁判と裁判官をめぐる各種の「儀礼」が生じ、その結果、法廷や裁判官は、人々の心の中で無意識のうちに神秘化、神格化されやすくなり、また、それらをめぐってさまざまな「幻想」や「神話」を流布されやすくなるのだと思う。

また、これらの儀礼や幻想は、司法という権力の心理的な根拠付けにも深くかかわっている。そのような根拠付けとして最も強いものは、広義の神のイメージであろう。元来、裁判というものは、当初は、神の代理人によって、または、神へのお伺いを立てる者によって行われた。あるいは、聖なる君主や人民共同体の名によって行われた。今でも、欧米、特に宗教国家的性格の強いアメリカの場合、人々が裁判官の背後に無意識のうちに幻視しているのは、おそらく、一神教の神のイメージである。

日本の場合についてみると、裁判は、伝統的には、正しい上位者である「お上」によって行われ、明治時代以降戦前においては、ムラ的共同体の盟主である天皇の名によって行われた。私見によれば、後記のとおり、このことが、日本における裁判・裁判官をめぐる幻想に、大きく影響している。

儀礼の実際

実をいえば、裁判における儀礼的な要素は、どの国でも強い。アメリカの法廷では、廷吏による大声での起立の促し、映画でおなじみの裁判官による木槌《きづち》の使用等が目立つし、イギリスの裁判官は「かつら」さえ着用する。法廷の雰囲気自体の権威主義的性格は、日本以上に強いといえよう。

もっとも、欧米では、「神の役割の代行は法廷でだけのこと。法壇を降りればただの人間、市民」という感じ方は徹底している。法曹一元制度のアメリカの裁判官は、ランチに出かければ弁護士の友人と親しくあいさつし、時には同じテーブルを囲む。重大な事件では記者の取材にさらされるし、法廷にもカメラが入りうる。やや時代が古くなるが、ハードボイルド小説や映画では、裁判官は、しばしば、その土地の隠然たる権力者、時には悪役として登場する。

つまり、「儀礼はあくまで法廷の権威付けのためのもの。裁判官も法廷を出ればただの人」という共通理解は、裁判官の側にも、社会の側にもある。

では、日本の場合はどうだろうか？

日本では、法廷における儀礼自体はむしろ簡素である。

「裁判官が法廷に入ってくると傍聴人を含めた全員が立ち上がって一礼しますが、これはなぜでしょう？」という問いは何度も受けたことがあるが、前記のとおり、これは、アメリカでは当然のことであって、疑問をもつ人はほとんどいない。その理由については、アメリカの場合、「市民、国民の代表としての裁判官に敬意を表するのは当然」という意識が強くあるからだと思う。日本の場合、人々には、「裁判官は市民、国民の代表」という意識自体が乏しいため、先のような疑問が出てくるのだろう。また、日本の場合、法廷における儀礼自体は比較的簡素なので「全員起立」には違和感があるのかもしれない。

しかし、裁判官が法廷の外、裁判所の外でまで「裁判官のあるべき姿」を無言のうちに期待され、社会も、建前上はともかく、実際には、「裁判官は正しき雲の上の存在であるべき」といった思い込みを強く抱きがちな点では、日本は、アメリカとは全く異なる。「社会的な役割」がその役割をもつ人間に属人的にべったりくっついて離れないのは日本社会全般の特徴といえ、それが最もはなはだしいのはおそらく皇族の場合だが、裁判官についても、それに準じる側面はある。

私自身、三つめの大学から誘いがあった時点でようやく生活上の条件も整って裁判所から出られたのだが、そのころには、こうしたかたちで裁判官にのしかかってくる無言の

「期待」、「圧力」による圧迫感は、もはや、耐えがたいレヴェルにまで達していた。

いうまでもないが、裁判所当局は、こうした無言の期待、イメージをうまく利用して、裁判官統制に生かしている。

日本では、ほかの国々に比べて、次の項目で論じるような裁判官にまつわる各種の「幻想」ないしは「神話」が流布され、「信仰」され続けやすいのは、右のような「人々の法意識」が大きな理由であろう。

幻想の実際

日本における裁判官に関する幻想として最も強力なものは、一貫して、「『大岡裁き』幻想」だ。

「大岡裁き」は「『法』ではなく、『人』による、『情』に基づく裁判」である。そして、日本人が「大岡裁き」を理想の裁判としてイメージしがちな原因については、「超越的な上位者は、法や手続や証拠などといった面倒なものに縛られ、とらわれることなく、法のことなどわからないけれども清く正しい存在である私の『思い』を残りなく汲み取って、私を勝たせてくれるはず」という、きわめて日本的な願望、幻想があると思う。

この裁判観は、法や証拠に基づかない、なまの情理を期待するものであって、「法の支配」、「証拠裁判主義」の対極にあり、裁判官がすべてを見通しうる絶対的な上位者、つまり「神のような人」でなければ成り立たない。ここには、近代法が四苦八苦しながら乗り越え、組み伏せてきた中世的な法感覚が、今なお厳然として生きているのである。

こうした幻想の根は、おそらく、天皇制にまつわる古くからの幻想と関連している。その庶民版、法廷ヴァージョンが、大岡裁きなのかもしれない。

「隣の遊び人がお奉行だよ」という「『遠山の金さん』幻想」は「『大岡裁き』幻想」をさらに庶民的にアレンジしたものである。また、清く正しく美しい、そして、父は最高裁判事で本人も優秀な、本来エリートである裁判官が東京転勤内示を拒否して家裁支部に勤め、現場にまで出かけて少年たちや大人たちを善導するという漫画『家栽の人』〔毛利甚八作、魚戸おさむ画〕は、「『大岡裁き』幻想」の洗練された現代版、その典型を提供したものであった。その後も、日本の映画、テレビドラマ、漫画等に登場するよき裁判官たちのイメージは、大筋その域を出ていない。つまり、表面的なデザインこそ時代に合わせて調整されていても、「これら幻想の強固な本質は、恐ろしいほどに変わらない」のである。

また、「大岡裁き幻想」は、「紛争の解決はともかく和解が一番」という「和解〔江戸時代には「内済」〕至上の幻想」とともに、江戸時代以来、権力者、司法官僚が好み、被支配者としての人々もまたこれを共有しがちだった幻想であることにも、留意すべきである。

「日本的」右派も「日本的」左派も共有する「裁判官幻想」

より問題なのは、日本におけるこうした古い裁判官幻想・イメージが、イデオロギー的な右派の裁判官イメージにも、イデオロギー的な左派の裁判官イメージにも、同じように、強く影響していることだろう。

前記のようなイメージを右派的な方向にもってゆけば、「世間や社会の『雑音』に左右されることなく、弁明も釈明もせず、毅然としてただ権力補完機構の役割を全うし、果たしきる裁判官」ということになり、これは、私が若かったころの保守的な裁判官、ことに刑事系にはよくみられた。「裁判官たる者、○○であってはならない」といった物言いがその典型であり、「社会の雑音に左右されてはならない」以外にも、たとえば、「裁判官たる者、体調を崩すなどということがあってはならない」といった非合理的なメッセージが、平気で通ってしまう。その結果、実に、現在でも、裁判官には「官吏服務紀律」（明治時代の「勅令」すなわち「帝国議会の協賛を経ず天皇の大権により発せられた命令」）が適用され、休職の制度すらないのである。

左派（一応、「伝統的なイデオロギー的左派」と限定しておく）の裁判官イメージも、実をいえば、根は同じで非常に古い。「『裁判官の子は親の背中を見て育つ』幻想」などの「みずからを厳しく律して裁判に身命を捧げる裁判官」イメージは、左派も大好きだし、左派がことのほか強調してきた「よき庶民的裁判官イメージ」も、たとえば、前記『家裁の人』等にみるとおり、実は、大岡越前や水戸黄門のイメージと通底するものを、強くもっているのである。「現場にまで出かけて少年たちや大人たちを善導する」という、近代の裁判官の踏み越えてはならない一線を堂々と無視した行動をとる裁判官を日本の左派が好んだという事実は、実に象徴的といわなければならない。

そして、メディア（これも、表に掲げる「看板」としてのイデオロギーにかかわらない）がおちいりがちな「庶民的な裁判官こそいい裁判官」という発想も、こうした幻想を濃厚に引きずっている。よい意味で気さく、庶民的な裁判官は確かに存在するが、彼らは、そのことを人前で強調したりしない。記者等の前でそうした言動をとるのは、まずは、そのようなイメージが人々に「受ける」ことを知りつつ意図的にパフォーマンスを行ってそれを利用しようとする人々、また、演技性的・自己愛性的な傾向の強い人々なのである。

また、裁判官が庶民的な事柄を愛することと、彼または彼女が庶民の心を理解できる裁判官であることとは、全く別のことである。かつて左派法律家が広めた『赤ちょうちんにもゆけない裁判官』幻想」は、「日本の裁判官は庶民的な行為ができない」ことをアピールしたものだったが、同時に、「赤ちょうちんにもゆけるような庶民的な裁判官＝いい裁判官」という誤った認識、幻想を振りまくものでもあった。実際には、昔でも、赤ちょうちん的な酒場に後輩を連れて行ってお説教をしたりからんだりする裁判官はいたけれど、いい裁判官とはいえない人が多かったのが事実だ。

裁判官が私生活において「自由な一市民」であることは非常に重要だが、裁判官の「庶民性」を強調する議論には、右のような意味で、よくよく注意すべきなのである。

こうした各種の幻想は、以上のとおり人々や社会の願望、期待に基づいているのみならず、権力・システムや裁判所にとっても都合のよい側面がある。また、わかりやすくて記憶に残りやすい。そのため、繰り返し繰り返しかたちを変えて再生してくる。

この種のメッセージに出合ったら、とりあえずは、距離を置き、冷静かつ客観的にその内実を検討していただきたいのである。

3　ジャーナリズムと司法・裁判官幻想との関係

日本の司法ジャーナリズムの問題

日本の司法ジャーナリズムの問題は、日本のジャーナリズム全体が抱える問題の縮図であり、記者の法意識の問題でもある。

第一に挙げられる問題は、司法報道にたずさわる記者の法的知識・感覚の不足だ。私が裁判官だった時代にも、たとえば、判決主文の意味が読み取れない、重要事件について裁判官が記者用に作成する判決要旨自体の意味がよくわからないなどの理由から、書記官を通じてきわめて初歩的な質問をしてくる記者が時々いた。

社会部一般の記者がたまたま司法を担当する場合にはそれもやむをえないが、司法に特化した記者の場合でも、ちょっと専門的な法律概念や法的判断になると、長い時間をかけて説明しなければならないことが、これは学者に転身してからの取材で、数多くあった。

こうした状況なので、日本の新聞の司法報道は、おおむね非常に表面的なものになる。端的にいえば、訴訟については裁判所からもらった判決要旨の内容をほとんど出ないし、制度についても最高裁や法務省の解説をそのままなぞる域を出ないものが多い。

第二の問題は、第一と深く関連するが、記者として当然とるべき権力との距離や客観的姿勢が十分にとれていない、あるいはほとんどとれていないことだ。近年ようやく批判が高まってきた記者クラブ制度、また情報源としての権力者との癒着の問題、いいかえればメディアが権力構造の一部に組み込まれてしまっているという問題である。

能力と見識を備え、以上二つの問題をクリアしている司法記者もいるが、その数はごくわずかだろう。そして、残念ながら、多くの記者、ジャーナリストたちからも、あくまで一般的傾向としてではあるが、社会部のエリートコースといわれる司法記者の中核部分や司法記者出身の新聞社幹部等と最高裁事務総局、検察庁幹部、特捜検察との癒着は、記者の中でも特に強いと聞いている。具体的には、「政治や行政の場合と比べても司法記者の癒着はひどい。目に余る」というのである。

こうした事態を示す典型的な例が、二〇二〇年五月、黒川弘務《ひろむ》東京高検検事長と記者ら三名（産経新聞記者二名、朝日新聞の元記者である社員一名）が、コロナ禍の緊急事態宣言中に、「産経新聞記者の自宅」で賭け麻雀をしていたという事件だろう（二〇二〇年五月二一日日本経済新聞）。みずから地道な調査を行って権力の問題を突くのではなく、権力者に密着して特ダネ情報をもらうことを当然としている日本の記者のあり方、「法意識」が、こうした事件を生む。そして、「検察トップがコロナ禍緊急事態宣言中に記者の自宅で記者らと違法な行為をしていた」というこの事件は、絵に描いたようなかたちで、司法とメディアのすさまじい癒着、腐敗ぶりを示している。もっとも、実際には、これもまた「氷山の小さな一角」にすぎないことには、まず間違いがないであろう。

実をいえば、日常的な癒着という問題は、相対的に優秀かつ良心的な司法記者の場合についてさえ存在する。たとえば、私は、ある優秀な司法記者から、「重要な最高裁判決が出る前の晩には、最高裁判事の家を訪ねてレクチャーを受けることがしばしばあった」と聞いて驚いた経験がある。レクチャーを受けることの前提として、判決の内容を示唆してもらうことまで含まれるのが、話の内容から明らかだったからだ。

これは、本来ありえないルール違反であろう。特定の記者だけが裁判官との個人的関係からこうした特別な便宜を図ってもらうこともそうだが、「判決内容の事前リーク」は、たとえ「示唆」のレヴェルにすぎなくても、国際標準で大問題になりうる事柄だからだ。付け加えれば、刑事では、高裁や地裁でも判決主文の内容が事前に一部の記者に漏れていた例があるという。これも、裁判所でも聞き、記者からも聞いたことがあるので、事実ではないかと思う。

こうした事実は、民事系裁判官で最高裁勤務経験も複数回ある、つまり、司法権力の中枢に近い場所にいたこともある私にとっても、衝撃的なものだった。少なくとも、高地裁の民事でそういうことはありえないからだ。

記者が権力機構の中に特別な情報源をもつこと自体は、どこの国でもあるだろう。たとえば、調査で得た事実の確認等のためには、そうしたことも必要かもしれない。しかし、そこにはまた、相互に超えてはならない一線も存在するはずだ。この「一線」は、まさに社会と記者、権力と記者の暗黙の共通認識であり、公共的意識や法意識によって厳しく規律されるはずの事柄だ。にもかかわらず、日本では、優秀かつ良心的な司法記者さえ、その一線を必ずしもきちんと認識していないように思われるのである。

以上のような問題を前提として、第5章でも取り上げた「そもそも、〔恐れ多くも私たちの大切な「お友達」である「裁判所」が発した〕判決、決定についての掘り下げた分析や批判など、新聞に載せるべきではない」といった幹部の発言、また新人記者教育における「裁判所の判決については、ただその内容を正確に〔つまり配布された「判決要旨」どおりに〕記事にすればそれで足りる」といった上司の発言が出てくることになる。また、識者等からの取材コメントについても、本質的な批判ほどデスクによって記事原稿から削除されてしまう例が多いといった事態も起こる。これらも、私が、じかに記者・元記者たちから聞いた事柄である。

これに類したことは日本のマスメディアには一般的にありがちだが、司法の場合にそれが特に鮮明、強烈なのは事実であろう。特捜検察については、第5章でもふれたとおり、マスメディアが最初から予断をもった協力報道をする例がままみられるし、裁判所については、たとえば、「仕事と子育ての両立に励む女性裁判官」とか「離島の裁判所で奮闘する若手裁判官」などといった、ほとんど最高裁事務総局広報課の下請け仕事のような記事を、やはりいくつも読んだ記憶がある。裁判所や検察庁幹部の就任に伴い掲載される、「人間的、庶民的エピソード」を強調した紹介記事、提灯記事に至っては、一体いくつ目にしたことだろうか。

控えめにいっても、記者が当然に保つべき権力との緊張関係や客観性が不十分である、あるいは大きく欠けているといわざるをえない例が、特に裁判所、検察関連では、無数に存在するのである。

日本の裁判所は、明らかに、権力チェック機構としての性格が弱すぎ、権力補完機構としての性格が強すぎるが、日本のマスメディアについても、同様のことはいえるだろう。司法記者についてみると、本質的な司法権力チェックや裁判分析などほとんど全くしておらず、かえって、司法権力補完機構、司法・裁判官幻想積極的醸成者の役割を嬉々として果たしている例が、まことに残念ながら、かなり多いのだ。

私は、取材を含め、海外の記者と接触した経験もかなりある。日本の記者と比較してみると、一般的な知的能力に差があるとは思わないし、個人的な性格は日本以上にさまざまだが、主体的に行う調査報道を原則とする取材の姿勢、また権力に対峙する姿勢においては、かなりの差があると感じられるのである。

司法に関する書物

司法、裁判所・裁判官、検察庁・検察官に関する幻想醸成ということとの関連で、司法に関する書物についてもふれておきたい。

新聞記者による近年の書物では、たとえば、『最高裁の暗闘——少数意見が時代を切り開く』〔山口進、宮地ゆう著。朝日新書〕、『密着 最高裁のしごと——野暮で真摯な事件簿』〔川名壮志《そうじ》著。岩波新書〕（前者は朝日新聞記者、後者は毎日新聞記者）などが目につく。

前者は、最高裁における審理の内幕を描いており、後者は、いくつかの判決を素材に裁判機関としての最高裁の仕事について解説している。しかし、その内容は、書名から受ける印象と同様、客観的・批判的記述というよりは、「皆さんご存じないかもしれませんが、最高裁って、実をいえばこんなにがんばっているんですよ。すばらしいですねえ、期待できますねえ」といったメッセージを振りまくレヴェル、水準をほとんど出ていない。また、権力に接するときに記者が当然に保つべき緊張感や批判的精神、あるいは自制の意識にも乏しいと感じられる。

いずれも、いかにも裁判所当局が喜びそうな内容であり、かつ、ジャーナリストの書物としては深い疑問を感じさせ、がっかりさせるものである。なお、検察、特捜検察に関しても同様の書物は存在する。しかし、司法に詳しい記者がこうした書物を出す例は、ほかの先進諸国ではまずありえないと思われる。

右のような記者の書物を離れ、日本のフリージャーナリストの司法関連書についてみると、中にはすぐれた仕事もあるものの、気になるのは、その多くが、エピソード本位で、個々の法律家の人間としての個性や善意に焦点を当てた内容であることだ。裁判官（法律家）も人間なのだ、こうしたいい裁判官（法律家）もいる、といったアプローチである。それが悪いとはいわないが、こうしたアプローチでは、司法の「権力や制度としての側面」に関する視点がお留守になりがちなのは否定しにくい。

もちろん、いい裁判官はいるし、いい裁判もあるだろう。鉄壁の独裁国家でもない限り、それは当然のことである。しかし、制度の構造的な問題には、個人の善意では超えられない部分があるし、司法といえども、権力としての側面は非情なものだ。また、制度や判決の分析に当たっては、前提としての法的知識やヴィジョンも、一定程度は得ておく必要がある。つまり、最低限の勉強、準備は必要なはずである。日本のフリージャーナリストの司法関連書は、ことに近年のものは、そうした部分にいささか弱さが目立つように思う。けれども、それでは、法律家はもちろん、社会をも、本当に動かすことは難しい。

比較のために、アメリカのジャーナリストの書物も二つ挙げてみよう。

たとえば、扱っている時代は古いが、『ブレザレン——アメリカ最高裁の男たち』〔ボブ・ウッドワード、スコット・アームストロング著、中村保男訳。TBSブリタニカ〕は、一九六〇年代末から一九七〇年代前半という、アメリカ最高裁が、リベラル路線から外れ現在まで続く保守化の道を歩み始めるまさにその瞬間を克明にとらえ、社会に警鐘を鳴らした書物である。小さな活字で約六〇〇頁（翻訳）という大部の書物だが、司法の果たすべき役割に関する著者らのヴィジョンとそれに裏打ちされた危機意識が全体にみなぎっているため、少しもだれない。見事なドキュメントといってよい。

『Ordinary Injustice――How America Holds Court』〔Amy Bach著。Holt Paperback〕も興味深い。翻訳するなら『日常的な不正義――絶望のアメリカ刑事司法』とでもいったタイトルにするのがふさわしい、アメリカ刑事司法全般の問題点を詳細に掘り下げた書物である。日本人を含め外国人には、被疑者・被告人の人権を確立した一連の最高裁判例を含め、アメリカ刑事司法のプラス面がまず目に入りがちだが、冷厳に、かつ徹底的にその裏面を検証、告発するこの書物は、日本の学者や実務家にとっても、参考にされてよいものだ（もっとも、たとえば冤罪をなくすための努力や制度的保障といった側面では、第5章で論じたとおり、日本は、「さらに絶望的な状況」であることは付け加えておきたい）。

裁判官を含む法律家たちの批判はすべて実名で行われ、私からみても「本当に容赦ないな」と感じられるほどに徹底的かつ辛辣である。著者、筆者が記述の真実性か真実と信じるに足りる相当な理由を証明しなければならず、かつ裁判官がそれらの立証を容易なことでは認めない日本では、こうした書き方は絶対にできない（拙稿「スラップ訴訟、名誉毀損損害賠償請求訴訟の現状・問題点とそのあるべき対策（立法論）」法学セミナー七四一号二八頁以下参照）。著者は弁護士資格をもつため、その分析が鋭いのは当然ともいえるが、アメリカのジャーナリストは、たとえ資格をもっていなくても、専門分野の知識感覚については、相当程度に備えた人が多い。

アメリカ社会は分断が激しく、荒廃が進みつつある印象も強い。しかし、それでも、そのような傾向がいつまでも続くとは必ずしもいいきれないところがある。過去にも、何度も、大きな揺り返しによって問題を克服してきた歴史があるからだ。そのような回復力の強靱な支えになっているのが、民主主義の最重要基盤である「表現の自由」の手厚い保障に裏打ちされたアメリカのジャーナリズムの力である。特に、全体の中でみれば一握りではあるものの、トップレヴェルのジャーナリストの知力や見識には、優秀な学者をもしのぐ例がある。

日本のジャーナリズムにも、司法・裁判官幻想を振りまき、あるいは増強するのではなく、国民、市民の代理人として司法権力を継続的に監視、分析、批判する役割を期待したいものである。その意味で、警察を主な批判の対象としたものではあるが、清水潔『桶川ストーカー殺人事件――遺言』、『殺人犯はそこにいる――隠蔽された北関東連続幼女誘拐殺人事件』〔ともに新潮文庫〕は、出色の書物といえる。

4　岡口元判事の言動は、裁判官幻想に対するアンチテーゼと評価できるのか？

事実経過

この章を閉じる前に、司法や裁判官をめぐる幻想に関するケーススタディーとして、インターネットを始めとする一連の表現活動によって型破りな裁判官といわれた岡口基一元判事のツイッター（現在の名称は「X」）等上の表現をめぐる問題につき、「岡口元判事の言動（その裁判官時代の言動）は、裁判官幻想に対するアンチテーゼと評価できるのか」という観点から考えてみよう。

岡口氏に対する各種処分をめぐる事実関係はやや複雑だが、できる限り簡潔に要約してみたい。処分対象となった言論と処分等の内容は次のとおり。

①二度目の判事任命書の画像とともに、「これからも、エロエロツイートとか頑張るね。自分の裸写真とか、白ブリーフ一丁写真とかも、どんどんアップしますね」などとツイート、また、行きつけの飲み屋で面白半分に上半身裸になり胸のまわりを縄で二周縛ってもらった画像を載せたツイート（なお、後記③の分限処分決定は、この画像中の人物が岡口氏であることがわからず、岡口氏以外の男性の画像と誤解した認定をしているようである）等二件のツイート（以

上、二〇一四～一六年)。二〇一六年六月二一日、東京高裁長官の口頭厳重注意処分。

②特定の性犯罪事件の検索URLとともに、「首を絞められて苦しむ女性の姿に性的興奮を覚える性癖を持った男」、「そんな男に、無惨にも殺されてしまった17歳の女性」とツイート(二〇一七年)。事件関係者(遺族側)から不愉快との抗議。二〇一八年三月一五日、東京高裁長官の書面厳重注意処分。

③犬の返還請求訴訟の報道記事にアクセスすることができるようにするとともに、「公園に放置されていた犬を保護し育てていたら、3か月くらい経って、もとの飼い主が名乗り出てきて、『返して下さい』 え？あなた？この犬を捨てたんでしょ？ 3か月も放置しておきながら‥ 裁判の結果は‥」とツイート(二〇一八年)。訴訟当事者(勝訴した原告)であった元の飼主から抗議。二〇一八年一〇月一七日、最高裁大法廷(全員一致)が分限裁判で戒告処分。

④前記②の遺族について、要旨「遺族の方々は俺を非難するように東京高裁事務局等に洗脳されている」との内容をフェイスブックに書き込み(二〇一九年一一月)。二〇二〇年八月二六日、最高裁大法廷(全員一致)が分限裁判で再度の戒告処分。

⑤その後の二〇二一年六月一六日、国会の裁判官弾劾裁判所に訴追。対象行為は、二〇一七年ないし一九年のツイッター、フェイスブック、ブログへの投稿など十三件。二〇二

四年四月三日罷免の裁判。

私の分析と評価

以下、岡口元判事をめぐる前記の経過についての、私の分析と評価を述べる。

(1)　こうした問題については、裁判所と離れた独立、中立の委員会・任用機関が裁判官の任用や再任等を扱っている国なら、その機関において「表現のあり方が適切ではない」という意見が多ければ、とりあえずは、意見表明や勧告が行われて裁判官に配慮、自省を促すといったことになろう。裁判官の独立を考慮したやり方ということである。しかし、勧告等が聞き入れられなければ、次の再任の際にはその点が考慮されえよう。裁判官公選制の場合には、選挙における市民の判断にゆだねられることになる。

ところが、日本では、前記のとおり裁判官を支配、統制する権力機構としての裁判所当局がすぐに「処分」をしてしまうために、問題の本質がみえにくくなっている。

国会の罷免訴追についても、基本的に犯罪等特殊なケースを想定していると思われ、本件での発動は、唐突の感が否めないものであった。

(2)　私の個人的な意見をいえば、前記①ないし③については、個々の行為を個別に切り離してみるなら、それだけでただちに厳重注意処分、戒告といった措置がとられなければばならない内容とまではいえないように思う（とりあえずは、⑴のようなかたちの勧告等で対処するのが相当）。しかし、④はさすがに問題が大きく、⑴に記したようなシステムの下でも、再任の可否の重大な考慮要素になりえよう。もっとも、ここでも、日本の場合、裁判所当局の処分が既成事実として先行し、岡口氏がそれに感情的に反発したという部分もあると思われ、そのために、その評価がより難しくなってくる面はある。

⑤の弾劾裁判所への訴追については、④の書き込みを考えるとやや微妙な部分もあるものの、法曹資格まで失わせる「罷免」という措置は、はたして相当だろうか（この点については次の項目で検討する。なお、岡口氏は現在司法試験予備校講師）。

もっとも、岡口氏は、著書『最高裁に告ぐ』〔岩波書店〕では、「③の分限裁判の相当性について再審理の機会を得られる」という意味で、継続審議となっていた裁判官訴追委員会の審理続行を歓迎する口吻《こうふん》の記述を行っている（二〇〇頁、二〇一九年三月一日付追記）。そして、その後に④の書き込みをしているのである。こうした経過に限らず、岡口氏の言動は、時として、見通し、脇が甘く、外の世界のリアルな状況を的確に理解していない印象がぬぐえない。

そのような意味では、日本の裁判官の世界に風穴を開けようと試みたという岡口氏もまた、日本の裁判官一般と同様の「閉鎖的な官僚集団に生きる者の、外の世界に対する認識の甘さ・不足」という欠点を十分に免れてはいないように思われる。

(3) しかしながら、岡口氏の表現の質や正当性、相当性、また表現と裁判官のモラルとの関係は、以上のような処分の当否とは別個の問題であり、処分等の適切性とこの問題とを混同すべきではなかろう。

具体的には、②、③についても、現職の裁判官のツイッターということであれば、関係者、当事者の感情は害されうるであろう。後記の半裸画像アップを含め、岡口氏が行っていた、総体としてかなり挑発的なスタイルと語り口のインターネット上での表現活動を背景とすれば、なおさらそういえよう。その意味で、配慮が足りなかったことは否定できず、前記のとおり、こうした言動は、独立、中立の機関が裁判官の任用や再任等を扱っている国でも、裁判官に配慮を促す勧告等の対象にはなりえよう。

次に、岡口氏の白ブリーフのみの何度もの半裸画像のアップについては、一連の処分等の直接の対象にはなっていない（①において間接的に関連するだけ）が、実をいえば最初はこれが物議をかもしたのであり、また、法律家の間でもよく話題になった。

これについては、私は、以下のように考える。

もしも、「岡口氏みずからにこうした画像を公開したいというやむにやまれぬ嗜好、欲求があり、そんな自分が裁判官としてその表現に踏み切ることの是非を社会に対して問う」

というのであれば、これは、裁判官という職業の本質や意味、その含みうる矛盾についての、人々と社会に対する一つの「厳粛な問いかけ」になりうると思う。

戦後ポーランドにおける最もすぐれた映画監督と思われるクシシュトフ・キェシロフスキの遺作『トリコロール／赤の愛』（一九九四年。弁護士、作家で監督の盟友であるクシシュトフ・ピェシェヴィチと共同脚本）において、退官した一人暮らしの元判事は、たまたま彼の家を訪れたヒロインである女学生の前で、大きな装置を使って隣人たちの電話を片っ端から盗聴し、彼らの生活の虚飾と欺瞞を仮借《かしゃく》なく暴いてみせた後、「私を告発したければしなさい」と彼女に告げる。

これは、キェシロフスキ作品における、最も厳粛かつ衝撃的な瞬間の一つである。

ここで、キェシロフスキとピェシェヴィチは、裁判官という仕事の含む矛盾、裂け目、深淵、ニーチェが「怪物と戦う者は、その過程でみずからを怪物と化さないよう心がけなければならない。あなたが深淵を覗くときには、深淵もまたあなたを見詰め返している」（『善悪の彼岸』）と語ったような意味での深淵を、透徹した認識をもって具象化している。

もしも、岡口氏の行為が、先に私が記したような意味合いのものであったなら、それは、キェシロフスキの問いかけに近い意味をもちえたかもしれない。『トリコロール／赤の愛』における元判事の問いかけと性質は異なる（そちらは犯罪）ものの、その意味合いとしては類したものになるからだ。

しかし、実際の画像の態様や前記岡口書の記述からすると、岡口氏は、ツイッターという彼にとっての新しい表現の場でもフォロワーを増やして有名になるために（同書九頁参照）、普通の組織であれば非常にリスキーなものになりうる行動を、自分が公的には「裁判官の独立」という普通の人にはないヨロイをまとった存在であると知りつつ選んだと解される余地がある。そして、そのような解釈によれば、岡口氏の右のような行動は、普通の職業人、専門家ならできない行為を裁判官という地位を利用して行ったものであり、裁判官の特権を濫用してその品位を汚したものだと批判されることにもなりうる。こうした観点からみるなら、岡口氏の半裸画像アップ行為は、先進諸国においても、社会的な批判の対象となる可能性があると思う。

私は、岡口氏の行為の中で最初にきちんとした議論の対象にすべきだったのは、こうした半裸画像アップ行為だったのではないかと思う。しかし、新しい物事を判断する際の「準拠枠の欠如」（第9章で述べる）の結果、メディアも世論も、裁判所当局も、それをどう評価してよいかわからなかったために、現実にはそれが最も物議をかもし、賛否の対立も大きかった事柄であるにもかかわらず、公的にはほぼスルーされるかたちで、「処分」が始まってしまったのだ（前記のとおり、③の分限処分決定も、①の半裸画像につき、岡口氏以外の男性のそれと誤解しており、岡口氏自身の画像とはみていないように思われることに留意してほしい)。そのために、岡口氏をめぐる議論は、日本の社会的議論にはままあることだが、本質を外れて、迷走し、空回りしていったのではないかと考える。

まとめとしての考察

最後に本章との関係を簡潔にまとめれば、岡口元判事の総体としてかなり挑発的な表現行為は、残念ながら、他分野の知識人や市民一般に対する深く真摯な問いかけ、また、裁判官をめぐる幻想に対する的確、適切な挑戦にまではなっていなかったというのが、私の正直な感想である(私がジャーナリストをも含むさまざまな分野の人々から岡口氏について受けることの非常に多かった「岡口さんというのは、一体どういう人なんですか?」という質問が含んでいたニュアンスも、必ずしも肯定的なものではなかった)。前記の書物『最高裁に告ぐ』も、処分経過のドキュメントとしての部分を除けば、記述の基盤となるべき司法観や訴訟観がはっきりしないこともあって、内容に乏しい印象は否めない。

私の知る元裁判官の間からも、自由主義者や左派に近い、あるいは近かった人々をも含め、岡口氏の行為を全面的、積極的にまで擁護しようという声がほとんど聞かれないのは、彼らの受け止め方にも、どこまで意識的なものであるか否かはおくとして、この節で述べてきた私の分析に近い部分があるからではないかと考える（なお、第5章でふれた木谷明元裁判官の公表されている意見は、厳しいものである〔二〇一八年一一月一〇日朝日新聞「耕論」〕）。

しかしながら、前記⑤の弾劾裁判所による罷免という措置は、疑問の大きいものであった。裁判官弾劾法二条二号にいう「裁判官としての威信を著しく失うべき非行」については、従来、犯罪ないしそれに準じる行為と解されてきたところ、岡口氏の行為は、そのような性質のものとは考えにくいからである。

弾劾裁判の期間についても訴追から判断までに三年近くもかかっているが、適切な準備と訴訟指揮ができていれば、事実関係に大きな争いのないこの事件の審理がそれほど長引くとは考えにくい。また、十六回の公判のうち十四名の裁判員担当議員全員がそろったのは四回だけ、最終判断にかかわった十二名のうち公判のすべてに参加したのはわずか三名だけともいう。議員たちに、ことの本質を見極める努力とヴィジョンが足りなかったのではないだろうか。

実は、この訴追の直前に、ある議員が私に連絡をとってこられた。話の内容から、岡口氏問題関連かと思われたので、「従来書物等に記してきたとおりですが、さらに意見がお聴きになりたいのでしたら大学でお会いします」と答えたところ、その後の連絡はなかった。しかし、電話での会話の内容からすると、残念ながら、その議員についてみれば、こうした微妙な法的問題を適切に解くために十分な法意識、法的リテラシー、ヴィジョンがあるとは思えなかったというのが事実である。

岡口氏の問題は、司法にゆだねておかれるべき事柄であり、国会が関与すべきではなかった。裁判官の広義の「表現」が罷免の理由になったよくない先例となるが、あくまで、特異な事例についての問題含みの判断だったと位置付けられるべきであろう。

また、罷免の裁判が疑問の大きいものであったこと、前記のような部分を除けばという留保付きのことではあるが、裁判官の閉鎖社会に風穴を開けようとしたという岡口氏の表現の意図自体についていえば汲める部分があることを考えるなら、岡口氏が、裁判官弾劾法三八条一項一号（罷免の裁判の宣告日から五年を経過し資格回復を相当とする事由がある場合に資格回復の裁判ができると規定）に基づく資格回復請求を行った場合には、これが認められるべきであろう。

第8章　制度と政治をめぐる法意識

この章では、制度と政治という二つの観点から、法意識の公的な側面について概観してみたい。司法プロパーの領域を超えた部分をも含む議論となる。

1　制度をめぐる法意識

日本の裁判官制度の問題

司法に関する法制度で現在最も問題があり、改革の必要性が大きいのは、裁判官制度であろう。

憲法は裁判官の独立と身分保障を規定しており、裁判官は、本来、法と良心にのみ基づいて判断を行うはずである。しかし、日本における現実の訴訟をみれば、検察や行政の意向を忖度する判決や一般市民のコモンセンスに反する判決が後を絶たない。裁判官の「法意識」をあるべき姿にするためには、どのような改革が必要なのだろうか。

まず、日本の裁判所、裁判官について最低限これだけはいえるはずだという基本的な特徴、問題点を挙げてみよう。

①日本の裁判官は、「独立した判断官」というよりも、法服をまとった「司法官僚集団の構成員」という性格が強い。これは、行政官僚とおおむね同様のキャリアシステムを採っ

ていることによる。そして、官僚という集団は、保守性、現状維持志向性、均質性、代替可能性を本質とするものだから、裁判官の一般的な性格にも、そのような特質が反映されやすい（第2章でふれた出来レース選挙のエピソードを思い出してほしい）。

②日本の裁判官の世界は、外の世界から隔離された極度に閉鎖的な社会であり、タコツボ的な日本の部分社会の問題が、際立ったかたちで表れやすい。

③相撲の番付のように複雑なヒエラルキー的、階層構造的「出世システム」を伴う裁判官制度は、日本特有のものであり、全国の任地を転々と異動するシステムも特異なものである（前の章でも述べたとおり、先進諸国一般に、裁判官の出世システムなど基本的に「ない」。空いたポストに、適切な人を、国によっては応募等も経た上で任命するのが普通）。

④日本の裁判官の人事と給与は、最高裁事務総局が握っている。そして、そのトップである事務総長は、最高裁長官の直属の部下である。

こうした特徴の帰結として、次のような問題が生じてくる。

（A）裁判官の独立が有名無実化しやすい。（B）真に裁判官に適切な人材が得られにくい。（C）たとえ適切な資質を備えた裁判官であっても、自己の良心に従った裁判を行い続けるのは容易ではなく、特に、社会的な価値に深くかかわる裁判や、統治と支配の根本にかかわる裁判については、それがきわめて困難になる。（D）日常的な事件についても、当事者にとって適切で正義にかなった解決を図るよりも、早期の事件処理を急ぎがちになりやすい。

以上をまとめれば、日本の裁判所は、適切に、また十分に、「正義」を実現できておらず、マスメディアと同様に、「権力チェック機構」ではなく、むしろ「権力補完機構」の性格が強くなってしまっており、「理念的な裁判所の姿」のみならず、「本来であれば日本の裁判所が到達しえたはずの裁判所の姿」からもかなり遠いといわざるをえないのである。

裁判官の判断と報復、差別

前の項目に関連して、果敢な判断を行った裁判官が人事、キャリアの上で報復あるいは差別を受ける可能性についても、ためにする議論、あるいは都市伝説などといわれることさえあるようなので、ここで今一度まとめておきたい。

まず、そうした判断を行って報復・差別を受けることへの恐れ、恐怖は、どこまで意識するかは別として、ほとんどの裁判官が抱いていると思う。

報復、差別は、長いスパンの中で行われることが多いから、みえにくい。また、立証はきわめて難しい。特定の裁判官の長いキャリアの一部が、特定の判断の有無によって異なってきたか否かを、通常の意味で立証することなど、ほぼ不可能だからだ。

しかし、実際には、何らかの報復、差別が行われる場合が多いとはいえる。以下、氏名等を挙げるのは控えるが、私と同世代以上の裁判官や弁護士なら、思い当たる人もいるはずの例を、いくつか挙げてみる。

①「連続射殺魔」として報道された永山則夫事件の高裁判決（地裁の死刑判決をくつがえして無期懲役とした）を下した裁判長が、少なくとも高裁長官までは絶対確実といわれた方だったにもかかわらず、地裁所長勤務をはさんでそのまま定年まで、約十年間東京高裁に据え置かれた例。②やはり高裁長官までは絶対確実といわれた大阪高裁の裁判長が、やはり地裁所長勤務をはさんで定年まで約十年間もそのまま据え置かれ、かつての部下に先を越されて大阪高裁の長官になられてしまった例。これは、この方が中堅時代に最高裁勤務を断ったためだといわれている（きわめて確度の高い筋から聞いた話である）。③忌憚《きたん》のない法律論文・書物によって有名だった学者裁判官が、大規模高裁の裁判長になる前に二つの県で地家裁所長を務めさせられた例（通常は一つなので、これもまず間違いなく報復・意地悪だろうと言われていた）。④東京地裁の行政部で目立った果敢な判決を続けた裁判長が、最終的に東京高裁の裁判長にもならなかった例。これは、その人のキャリア全体からみて普通ならありえないことで、明らかな報復人事とみる意見が多かった。

ほかに、原発訴訟で請求を容れた高裁の裁判長が定年まで七年間も残して退官している例や、高裁で行政訴訟について果敢な判断を行った裁判長がその直後に自殺した例がある。少なくとも、こうした判断を行う裁判官に大きな圧力や精神的負荷がかかりやすいことを示すものとはいえよう。

次に、非常にみえにくい差別の例としては、前記木谷明元裁判官が、インタビューに答えて、次のように述べている例が典型的である（ネット媒体である「弁護士ドットコムニュース」）。

「〔……〕最高裁調査官の後、通常は東京の地裁か高裁に行くことが当然とされていたのに、大阪高裁の陪席判事に異動になった時は、学齢期の子どもがいたので四年間単身赴任で苦労しました。また、大阪高裁から戻る時も、四年も単身赴任したのですから当然自宅から通勤が容易な東京に戻してもらえると思っていたのに、遠い浦和地裁に行けと言われ、自宅から一時間四十分もかけて通勤することになりました。この二つの人事の時は、薄々ながら『意地悪されたのかな』と感じました。ただ、次々に地方回りさせられて苦労した方に比べれば、ぜいたくな悩みでしたけど」

木谷氏の裁判官としてのキャリアは、無罪判決を多く出した、あるいは目立った事件で出した裁判官のそれとしては、例外的にきれいなものである。つまり、一見してわかるような左遷等はなく、おおむね正当な評価を受けて良好なキャリアを歩んでいたようにみえる。これは、無罪判決の完成度が高く、くつがえされる例がなかったことと、木谷氏の、人との間に垣根を作らない温厚かつ誠実な人柄によるところが大きいと思われる。なお、木谷氏が高名な棋士のご子息であることから手を出しにくい雰囲気があったとの指摘をした元裁判官もいる。

したがって、こうした発言をご本人がされなければ、意地悪、差別などということは、わからない。私が過去に執筆の過程で行ってみた検討でも、「木谷さんは例外」とみていたように、「その当時」の「同種のキャリアをもった刑事系裁判官の例」とでも厳密に比較しない限り、決して「わからない」のである。最高裁事務総局勤務経験により比較的そうした事柄についての感覚のある私にもわからないのだから、たとえばジャーナリストや学者が異動の経歴だけを分析してみても、まずはわからないだろう。しかし、実際には、このように報復は「ある」。そして、「その時同じような立場にいる周囲の裁判官たち」には、それは、必ずわかる。

また、木谷氏のように自分の信念を貫いていた方であっても、報復はやはり腹立たしいし、精神的にもこたえるものなのだということも、先の発言（インタビューなので、当然、抑制された口調となっているはずである）から、理解できるのではないだろうか。

日本の裁判官が置かれている状況は、たとえば右のようなものなのである。

私は、中堅の時期に果敢な判断をした裁判官が、キャリアの最後の段階にさしかかったあたりで、決定的な時期の異動・昇進における報復を恐れて、重大な事件でその姿勢を曲げてしまう例を、いくつもみてきた。前記のような裁判官システムの下では、そうした事態は、日常的に起こりうるし、事実起こってもいるのだ。

可能なはずの改革が難しいのはなぜか？

しかし、実をいえば、前記のような問題を解決する改革は、それほど難しいものではない。弁護士等の在野法曹を一定期間以上経験した者の中から裁判官を選任する「法曹一元制度」と、裁判官の任用等のための審査を最高裁からも政治からも切り離された「独立・中立の委員会、任用機関」にゆだねる「裁判官に関する中立委員会人事制度」を採用すればよいのである。たとえば前の章で論じた裁判官の表現に関する問題などをも含め、この中立の機関が透明性のあるかたちで対処すれば、公明正大であろう。

けれども、日本で現実にこのような改革を実現するとなると、さまざまな困難が予想される。たとえば、その時々の「空気」や中核となっている集団のイデオロギー、思惑に引きずられやすい弁護士会全体が本気で取り組むか、市民、国民やジャーナリズムの後押しが期待できるか、独立・中立の任用機関の構成員として本当に適切な人が選ばれうるか、などといった事柄である。

こうした改革については、最高裁と法務省が死に物狂いで抵抗することが目にみえている。それを制するには、弁護士会と広範な分野の市民、知識人、ジャーナリズムが強力な共同戦線を張るしかないが、それが可能か？　適切な改革案作成のためには法律家全体の協力が必要だが、各セクションや政治的党派の既得権意識、縄張り意識、セクト主義によって、制度が不適切なかたちにゆがめられたり、中途半端で実効性に乏しいものとされたりする恐れはないか？　そうした懸念が次々に湧き起こってくるのだ。

それはなぜかといえば、二〇〇〇年代の司法制度改革が全体として成功しなかったのをみてきた苦い経験があるからだ。裁判官制度は実質的には手つかずのままだし、裁判員制度は辞退率が上がり続け、近いところでは約六七パーセント（二〇二三年）と実に三分の二を超える高率となっている。また、第6章で論じたとおり、弁護士数が激増し裁判官数も増えたが、それに伴って激増するはずだった民事訴訟（通常訴訟）新受事件数は、増えるどころかむしろ司法制度改革前の一九九〇年代後半よりも小さい数字になってしまっている。

司法制度改革だけではない。たとえば第3章でふれた共同親権制度も、最も重要な部分といえる家裁の関与につき及び腰で、妻や子の保護が万全とはいえず、例によっての見切り発車的性格は否定しにくい。刑事事件における取り調べの可視化についても、その対象になっている事件は全体の数パーセントにすぎず、また、これを回避するために「任意捜査」と称する取り調べで対象を屈服させてしまってから逮捕し、逮捕の時点までに実際にはすでに固められていた供述を繰り返させてそれを録音・録画するといったかたちによる制度の悪用が行われているという（前記『特捜検察の正体』）。

制度構築・改革については、周到な調査と準備、確固としたヴィジョン、海外の制度を採り入れあるいは参考にする場合の社会的・歴史的基盤の相違の考慮、大きな枠組みと細部の双方をきちんと詰める力等が必要である。また、改革は常に妥協の産物とはいえ、「譲れない本質的な部分はどこか」については、押さえておかなければならない。

けれども、司法分野の制度改革については、そのいずれもが十分でない場合がかなりある。「大胆かつ細心に」でなく「小手先でかつ細部を十分に詰めない」ということになっている例、外部向けのパフォーマンスに終わっている例、効果よりも副作用のほうが大きくなってしまっている例などが、ままみられるのだ。

私が判事補時代にアメリカで見聞きした州レヴェルの改革（少年法制度の改革）については、目的とヴィジョンが政治レヴェルで的確に設定された後、少数精鋭の若手法律家による法案立案作業が短期間で進められ、法成立後の実施についても相当の成功をみていた。立法準備作業の中心人物に面会して話を聞いたが、理路整然とした客観性のある解説と真摯で謙虚な姿勢には感心したものだ（拙稿「米国ワシントン州新少年法の背景とこれに基づく手続の

実情」家庭裁判月報三六巻一一号一九五頁以下)。

もちろん、アメリカには企業や政治家の利益を図る露骨な権益確保立法も多い。しかし、そうした問題がない場合の制度作り、特に新たな制度の構築におけるヴィジョン、見識、能力についていえば、州レヴェルのそれでさえ、優秀な人材を集められる豊かな州の場合には、日本とはかなりの差があると感じざるをえなかった(正確にいえば、ここでも、前の章で論じたジャーナリズムの場合と同様、一般的な知的能力の差ではなく、制度作りのリテラシー、そのために培われてきた能力に差があるということだ)。制度に関する人々の関心がアメリカよりさらに高いヨーロッパと比較すれば、その差はおそらくより大きいだろう。

日本の場合、たとえば立法準備作業に当たる法制審議会部会の人選一つをみても、制度に関するそれでは、総花式に各界の人々を集め、一方法律家、特に実務家はいささか手薄な例があるが、それではたして効率的な審議ができるのだろうか(たとえば、これは内閣に設けられたものだが、司法制度改革審議会の場合など、十三名の委員のうち実務家は、弁護士、元裁判官、元検察官いずれもわずか一名だった)。制度の目的とヴィジョンを確定する時点では各界の意見を広く聞くことがもちろん必要だが、具体的な立法準備作業自体についていえば、少数精鋭の法律家が当たるほうが合理的、効率的なのではないだろうか。

そして、考えてみると、以上のような制度改革上の問題は、司法の分野に限ったことでは全くない。

「働き方改革」と称しながら実は「働かせ方改革」ではないかと批判された労働法制改革は、前近代的というほかない違法な時間外労働や残業代不払すら十分に是正できておらず、全体として、労働時間短縮、労働環境整備、生産性や賃金の上昇に結び付いていない。

イギリスをモデルにした側面が強いといわれる小選挙区制度は、「すでに行き詰まっているものを、理想化された過去の姿だけを見てモデルにすることには、大きな危険が伴う」との指摘（近藤康史『分解するイギリス――民主主義モデルの漂流』〔ちくま新書〕）が当てはまるものであり、むしろ日本の政治を劣化させた弊害のほうが大きい。その後の一連の政治改革についてもおおむね同様である。

ほかにも、執行の検証すら行われず、そもそも適切な検証のできるエキスパートすらいないままどんどん規模が大きくなっている国費・税金の無駄遣い、先の見通しの立たない年金制度、歯止めなくふくれ上がる赤字国債、大量の国債と日本株（ETF〈上場投資信託〉）買い支えの結果身動きが取れなくなっている感の強い日銀の状況、福島第一原発事故の原因究明、廃炉の見通し、また放射性廃棄物最終処理問題の検証すら不十分なまま再稼働という結論ありきで始動した原子力規制委員会等々、重大かつクリティカルな制度的問題が山積しているのが、日本の現状なのである（なお、予算と税金については、日本経済新聞社編『国費解剖――知られざる政府予算の病巣』〔日経プレミアシリーズ〕、高橋祐貴〈毎日新聞記者〉『追跡 税金のゆくえ――ブラックボックスを暴く』〔光文社新書〕参照。これらは、前の章で批判的に取り上げた記者の本とは異なり、「ジャーナリストの仕事」といえる内容のものである。それにしても、読んでいると、まるで王様が部族政治を行っている国の出来事のようで、言葉を失う）。

以上のような制度作りのまずさやヴィジョンの不足の根底にも、制度を作る人々の法意識、それを支えるべき市民、国民の法意識の問題があると感じられるのだ。

どのような制度の創設であれ、またその改革であれ、社会が、人々が、そして当該分野の専門家たちがそれを切実に求めない限り、その実現も、またそれが適切に機能することも望みえない。「法曹一元制度」と「裁判官に関する中立委員会人事制度」は、その典型的な一例であろう。

2　政治をめぐる法意識

第二期安倍政権時代以降の自民党、また政治全般の劣化

政治については、第二期安倍晋三政権時代（二〇一二～二〇年）以降の自民党、また政治全般のはなはだしい劣化という問題がある。

自民党は、利権政党的性格が強いとはいえ、かつては、考え方にも幅があり、官僚出身者が主として首相を務めていた時期には、首相も、政治姿勢や性格はおくとして、少なくとも能力については一定のものを備えていた。しかし、森喜朗《よしろう》政権（二〇〇〇～〇一年）のころから劣化がかなり目立ちはじめた。それでも、統治は法に基づいて行われなければならないという法治主義の原則だけは何とか守られていたのだが、第二期安倍政権は、確信犯的にそれを有名無実化しようとし、また、「法」や「手続」そのものを軽視する傾向が格段に強かった。

こうした傾向の表れといえる第二期安倍政権時代の目立った事件、問題をいくつか挙げてみよう。

①森友学園問題、加計学園問題関与疑惑。②森友学園問題に関する財務省の決裁文書改竄。③「桜を見る会」への支援者等招待、その私物化。④内閣法制局長官を内部昇格の慣例を破って外務官僚から採用する異例の強引な人事とセットになって行われた集団的自衛権の解釈変更（本来憲法改正によるべき集団的自衛権の行使認容を閣議で決定し、各種の関連立法を強行採決）。⑤内閣人事局制度を悪用した露骨な官僚統制（この後、官僚志望者、特に優秀な志望者が激減）。⑥一代で日銀を前記のとおり身動きの取れない状態にしてしまった黒田東彦《はるひこ》日銀総裁の任用とこれに伴う日銀審議委員へのリフレ派任用。⑦政権に近いといわれた黒川弘務

東京高検検事長（森友学園に関する財務省の文書改竄や国有地の値引きについて、佐川宣寿《のぶひさ》元国税庁長官らを不起訴とし、「安倍政権の守護神」と揶揄されることもあったという〔二〇二四年七月三日東京新聞「こちら特報部」〕。前の章で言及した賭け麻雀事件の人物）の恣意的な定年延長とその後の関連改正法案提出（特定の検察官の定年を政府の判断で延長できるようにするものだったが、各界の強い反対で廃案）。

ほかにも、⑧高市早苗総務相が放送法四条違反を理由として放送局に対し電波停止を命じる可能性に言及した事件、⑨ジャーナリストの伊藤詩織氏が、最も安倍首相に近いジャーナリストとの評もある山口敬之《のりゆき》氏から性被害を受けたとして行った告訴につき、逮捕状が発付されたにもかかわらず上層部の指示で執行されなかった事件、⑩安倍首相の国会におけるヤジ、反対派市民に対する暴言等々、挙げてゆけばきりがない。

要するに、この時代の日本の政治は、抑え込まれたメディアの目に余る忖度傾向と相まって、完全に、「法の支配」ならぬ「人の支配」の状況、現代の民主政治にあって当然に守られるべき「手続的正義」無視の状況へと退行していたのである。

前記のとおり、この時代以前の政権には、法律、手続、守られるべき慣例へのそれなりの配慮があったが、第二期安倍政権は、解釈改憲に象徴されるように、「法の支配」はおろか、「法治主義」までをも有名無実化する言動が顕著だった。この時代に至り、長らく続いてきた自民党と政治全般の劣化、その「法意識」の著しい低下は、最後の一線が突破されてしまったのではないか、完全にたがが外れてしまったのではないかとの印象がある(二〇二四年九月の総裁選では、相対的に中道寄りといわれる石破茂氏が、安倍政治の後継者を自認する高市早苗氏をかろうじて制したが、石破氏の政策や実行力、それによる党と政治の改善の見込みについてはなお未知数であり、予断を許さない)。

一方の野党が自民党に対抗しうるような健全で確固としたヴィジョンをもっていればまだ救いがあるのだが、実際には必ずしもそうはいえない。野党に対する人々の信頼もまた、全般に低下していることが否定しにくいのである。

端的にいえば、現在の日本の政党は、その多くが、何らかの意味での利権政党、またポピュリズム的な性格の強いイデオロギー政党であって、言葉の本来の意味における自由主義政党はもちろん、言葉の本来の意味における保守主義政党すら存在しないのではないか? そんな疑念さえもたざるをえない状況なのだ。積極的に支持できるしっかりした政党がないからこそ、無党派層が五割、六割にもおよぶという事態になっているのではないだろうか。

政治家の法意識と国民の法意識

七年前、二度目のアメリカ在外研究中に話した、ある女性教授の言葉が忘れられない。

「政治が、あまりにも愚かで醜く、汚いものになってしまったために、もはや、まともな人間は、それにかかわろうとしなくなってしまいました」

彼女はアメリカの現状について語ったのだが、実は、日本の場合も全く同じ、いや、「愚かしさ」という点ではもしかしたらそれ以上にひどい状況になっているのではないか？ ただ、日本人が、未だその事実を十分に直視していないというだけのことなのではないか？ アメリカの場合、各組織のトップないしそのブレーンには有能で抜け目のない人物も多いが、現在の日本については、この点もいささかおぼつかないのである。

「国民は、それにふさわしい統治機構、それにふさわしい政治、行政、司法をもつ」というのは、否定できない真実である。先のような事態については、政治家、行政官僚、裁判官だけに責任があるわけではない。法律家・法学者である私はもちろんだが、一般の国民、市民一人一人にもまた、一定の責任がある。たとえば、選挙に行って一票を投じるという最小限の行為すらしない人々が、選挙制度そのものを変えられるわけはない。それは、否定しがたい事実だ。

しかし、私をも含め、日本人は、ともすれば、その「責任」については忘れがちだ。だから、改革の芽はなかなか出ないし、たとえ出ても、不十分な結果に終わってしまう。

司法の場合同様、政治や行政をよりよいものとすることについても、日本に、必要な人的資源自体はあると思う。経営、研究、教育等についても同様だ。しかし、その適正な実現のために必要な前提条件が整っているかというと、やはり、必ずしもそうはいいにくい。適切な制度を構築し、ふさわしい人々がそれを担うには、ふさわしい人々にそれを担わせるには、社会の側にも、個人の側にも、相当の認識、ヴィジョン、そして不退転の決意と覚悟が必要とされるのだが、この点に関する「手応え」が、なおまだあまり感じられないのである。

こうした事態の根本にある問題は、やはり、専門家の、また人々の、認識と熱意の不足、「法意識の未熟」ということではないかと思うのである。

私が生まれた一九五〇年代半ば、日本は、未だ、東洋のエキゾチックな辺境とみられていた。それから七〇年が経過し、今日、その文化の多彩さとユニークな価値は、世界に広く認められている。しかし、それほどの厚く洗練された文化的伝統とは裏腹に、日本人、日本社会が抱えてきた根本的な諸問題は、今なお、多くが未解決のままであり、この国は、民主主義国家として十分に成熟しているとはいえない。それは、なぜなのだろうか？

戦後に近代主義者川島が提起した「日本人の法意識」というテーマは、実は、その広がりを、こうした事柄にまで及ぼしているのではないだろうか？

第9章　法意識の基盤にある日本の精神的風土

最後の章では、ここまでの記述を踏まえ、日本人の法意識の基盤にあると思われる精神的風土とその問題について考えてみたい。

取り上げる事柄は、より一般的にいえば、日本社会が抱える「ムラ社会としての病理」、また、日本人の「前近代的な意識の持ち方」の問題、すなわち、「日本人は、近代のエッセンスとして消化しておくべきだった事柄を未だ十分に意識、消化していないのではないか」という問題である。

こうした意味での「日本の前近代性、ムラ社会の病理」は、それ自体別個の書物のテーマとなりうるものだが、本章では、日本の精神的風土にひそむ問題のうち、法意識、法思想、あるいは広義の法哲学的問題（法、権力、正義、責任等）にかかわるものだけをピックアップして簡潔に論じることとしたい。

1では主として思想的な問題を、2では主として社会・集団・個人の問題を取り上げるが、論じる事柄は相互に関連している。なお、これらの事柄については、問題の半面としてのメリットも存在しうるものの、本書では、そうした側面についてはふれていない。

また、1で挙げるべき事項のうち「二重基準《ダブルスタンダード》」については、すでに本書の各所で論じてきたので、ここではふれない。

1　思想的な問題

普遍的理念の乏しさ、当為と存在の混同、当為のドグマ化

普遍的理念の乏しさについては、法に関連する例を挙げれば、たとえば、「平等」という観念のとらえ方という問題がある。

近代的な意味での「平等」の観念には、市民革命の中で獲得された一つのフィクションという側面がある。人間が一人一人異なるという「現実」は、自明の理であり、人間という概念の中に「奴隷」や「異邦人」は含まれなかったかつての社会のことを考えるなら、「平等」が人類本来の絶対的な真実、ありのままの姿であるとはいいにくい。生物学も、人間の種としての同一性は肯定するが、個々の個体の相違はもちろん否定しない。

しかし、「そのような『現実』を超え、人類普遍の原理、歴史と血によってあがなわれた貴重な原理として、人間の『平等』を認めてゆこう」というのが、近代社会を基礎付ける約束事、理念・普遍としての平等というものであろう。

このように、近代社会を基礎付ける概念はすべて歴史的なものであり、その意味では、近代法の体系は一つの壮大なフィクションの体系ともいえる。そして、フィクションであ

ることを意識の中に組み込んでいてこそ、それを維持するための不断の努力とその欠落部分に対する鋭敏な感覚が保たれる。

だが、こうした観念、概念を、日本の戦後思想に特有な一つの態度、すなわち、理念と現実、当為と存在をべったり地続きのものとしてとらえるいわゆる「べったりリアリズム」で理解すると、「平等」は、「人間は皆同じものだ（人間なんて一皮むけば皆同じ、あいつと俺とどこが違う）」という全く別種の観念へと変質してしまう（「べったりリアリズム」は、哲学者・思想家鶴見俊輔の言葉。久野収ほか『戦後日本の思想』〔岩波現代文庫〕参照。これは、実際には、本来のリアリズムとは異なる、一つの「土着的なものの見方」である）。

近代法の基本的概念は、すべて、右のような歴史的契機をになっている。それにもかかわらず、そうした「当為（あるべき理想）」と「存在（リアリズムで把握されるべき現実）」の鋭い緊張関係は、今なお、日本の社会では、十分に理解されていないのではないか。

その結果、当為と存在の混同がしばしば起こり、また、そのような当為は、しばしばドグマと化す（当為のドグマ化）。簡単な例を挙げれば、「日本は負けてはならない」という当為が、やがて、「日本は決して負けない」というドグマに変わっていったのが太平洋戦争時代の例であり、「原発格納容器は壊れてはならない」という当為が、いつの間にか、「日本の原発格納容器は決して壊れない」というドグマに変わっていったのが、福島第一原発事故以前の原子力ムラとその周辺の一般的な状況だった。いずれの例も、大きな被害をもたらし、無数の人々を苦しめる結果を招いた。

べったりリアリズム、幻想と神話の蔓延、否認・半意識の防衛機制

リアリズムというのは、現実をとらえるその「とらえ方、把握の仕方」にかかわる概念であり、証拠に基づき、できる限り客観的に事実を確定した上で、主観的要素(期待、理念、当為等)をとりあえずカッコに入れ、冷徹に事実を見据えることであろう。

この冷徹なリアリズムは、近代的なものの見方の基本中の基本だが、日本人の意識構造においては、不足しがちなものである。前記のとおり、当為と存在、期待と現実をべったり地続きのものとしてとらえる「べったりリアリズム」に傾きがちになる。したがって、議論の前提となるべき事実がそれぞれの主観や党派性によって汚染され、共通の前提事実自体がなかなか定められない。また、すでに第7章で詳しく分析したとおり、幻想や神話が蔓延しやすい。

べったりリアリズムは、裁判という場面では、「自己の信じるところの唯一の真実へのこだわり」となって表れやすい。日本の民事訴訟では実質的に争われた事件についての控訴率は相当に高いのだが、注目すべきなのは、控訴審で判断がくつがえされる割合について

は裁判官による差が非常に大きいにもかかわらず、判決について控訴される割合についてみると裁判官による差はあまり大きくないことである。また、およそ争う余地に乏しい事件についての控訴も少なくないのが事実だ（もっとも、控訴の段階で弁護士が交替したり辞任して本人訴訟になっている例はままある。詳しくは、拙著『民事訴訟実務・制度要論』〔日本評論社〕三四七頁以下）。つまり、判決をよく読み、その「質」を考慮してというよりも、自分の考える「唯一の真実」が容れられなかったことを理由とするような控訴がかなりあるのは否定しにくい。第7章で定義した「大岡裁き」、すなわち、「超越的な上位者が、法や手続や証拠などといった面倒なものに縛られ、とらわれることなく、私の『思い』を残りなく汲み取って、私を勝たせてくれる裁き」に対する願望の根には、べったりリアリズムがある。

また、裁判というもののとらえ方という問題もある。本来、近代の裁判は、制度的、時間的な限界や人間の能力の限界の中で、できる限り適切な事実認定や法的判断を行い、真実に近付く努力をするものである。また、そうした意味では、裁判という制度は、かなりの程度に効率的に組み立てられてもいる。法廷は、制度的に保障された強力な事実解明の手段をもっているからだ。一定程度の能力をもった裁判官の事実認定と同程度の精度の事実認定をジャーナリストや探偵が一人で行うとしたら、特別な才能と膨大な時間が必要になるのは事実だろう。

裁判官は、市民、国民の代表として、できる限り正しい裁判をする。そして、当事者は、裁判官の判断をよく聞いて客観的に評価した上で、それでも不満があれば上訴する、そういうシステムなのである。つまり、裁判は、「一つしかない絶対的な真実」を明らかにするものではないし、それは、神ならぬ人間には、およそ不可能な事柄なのだ。

以上と関連して、ニュースを見ていてやや引っかかるのが、「不当判決」の垂れ幕である。確かに、統治や支配の根幹に、あるいは社会的な価値にかかわる日本の判決には、「不当な判決」が多い。だが、裁判は、結論とともに、その根拠となる理由もまた重要である。結論が棄却、却下であっても、理由には、特に、一般的な規律を立てた部分には、みるべき部分、将来の裁判にとってプラスになる部分が含まれる場合も存在する。

しかし、判決言渡し後即座に「不当判決」の垂れ幕を下げるのは、「結論以外は考慮する余地なし」と公に宣言しているととられかねず、「将来のために苦労して一般的な規律を立て、理由を詳しく書いても、結局結論しか見ないのなら、木で鼻をくくったような判決をすればいいんだよね」という姿勢に裁判官を向かわせてしまいやすい。そのことは、心にとどめておいたほうがよい。

これは、裁判を、法の次元ではなく、もっぱら、「政治、運動、イデオロギーの次元」でとらえてしまいやすい傾向の問題でもある。

べったりリアリズムと関連するのが、「否認」等の精神分析的な防衛機制であろう。都合の悪い事実の否認は、個人については普遍的なものだが、日本人には、その社会の相当部分による集団的な否認が多い。戦争中における、個々の戦闘における敗戦事実の否認（大本営発表）、戦後の、日本軍の残虐行為についての否認（事実は事実として認め、検証し、反省し、今後に生かせば足りることを、頭から否認する）、原発事故の可能性についての否認、膨大な赤字国債の危険性に関する否認等々、枚挙にいとまがない。

また、否認に近い状態として、「半意識・半無意識の防衛機制」というのもよくあると思う。都合の悪いこと、直視したくないことは、見えども見えず、聞けども聞こえずの「半意識・半無意識状態」にしておく。子どもたちのいじめに対する先生の態度、ムラ社会における不正行為やハラスメントに対するムラの長や責任者の態度などに、しばしばみられる。

論理の軽視、論理的一貫性の欠如

べったりリアリズム、自己の実感を絶対視する「実感信仰」（丸山眞男）は、論理を軽視する。

裁判は何よりも論理的構築物なのだから、そのよって立つ論理が重要であり、また、結論だけではなくその根拠となる理由も重要なのだが、日本では、前記のとおり、判決や決定でその主文以外が注目されることは少ない。また、本案判断の前提である訴訟要件が満たされないとして却下になる場合と、それは満たされるが請求が理由付けられないとして棄却になる場合とでは、判例としてもつ意味が全く異なってくるが、報道では、この相違もあまり問題にされていない。第7章で論じたとおり、そもそも司法記者が法律の素人に近く、裁判所からもらった判決要旨をただパラフレーズしてまとめるだけという例が多いのだ。

なお、日本の記者やジャーナリストが、その思想的傾向を問わずよくする質問や主張の例として、一つ、二つの判決を挙げ、「こういういい裁判があるのは司法がよくなっていることの証拠では？」というものがある。しかし、これは、率直にいって、法的リテラシーの乏しさを示すとともに、いささか「非論理的」でもある発言だと思う。総体としてのヴィジョンや分析を欠いたままこうした場当たり的な発言を記者やジャーナリストがするのは、国際標準ではさすがに考えにくいことであろう。

政治の場面に例をとると、たとえば、いわゆる保守強硬派自民党議員の政治姿勢は、おおむね国粋保守対米追従（あるいは隷従）である。しかし、本当をいえば、国粋保守で対米追従・隷従というのは、論理的にありえない。外国人にこれをいうと、「そっ、それは理解できない。イラッシャナルだ、不合理だ〔国粋保守なら反米のはずだ〕」と必ず言うので、「でも、日本ではそれで通るんだよ」と、その理由を長時間かけて説明しなければならないのである。

実際には、かつての自民党の対米追従には、面従腹背で力関係から仕方なく従っている面も強かったのだが、徐々に、この追従が、何とかしてアメリカに認めてもらいたい、気に入られたいという「心からのもの」に変質していったように思われる。そして、ある意味その心理的な補償として、「国粋保守」という看板としてのイデオロギーが強まってきた側面もあるのではないだろうか。

しかし、いずれにせよ、現在の自民党における国粋保守対米追従派とこれに連動する一部メディアは、みずからの非論理性を意識することすらできていないように思われる。

準拠枠の欠如、定点やヴィジョンの不在

議論には定点が必要であり、物事をとらえるには、ある一定の「準拠枠」が必要である。個々の人間が自分なりのヴィジョンをもって物事をとらえていることがその前提となる。

しかし、日本のメディアやインターネットにおける議論は、定点なし、準拠枠なしで行われている例がかなり多い。それでは個々の主観の吐露にしかならない。報道も、「Aと言

う人もいます。が、また、Bと言う人もいます」という次元でとどまり、A、B各意見の客観的分析、評価はほとんど行わない。書物や論文についても、実をいえばかなりの部分がこの水準なのである。

たとえば、第7章で取り上げた岡口元判事問題に関する事態の進み方、議論は、準拠枠を欠くそれの典型のように思われる。党派的傾向の強い賛否の意見が個々ばらばらに存在し、深い議論がほとんどなされないままに、根拠が必ずしも明瞭とはいえない決着に至っているのだ。

2 社会・集団・個人の問題

タコツボ型社会、共通の言葉・概念・価値観・センスの欠如

政治学者・思想家の丸山眞男は、「日本は『タコツボ型』の文化であり、異なる集団をつなぐ共通の基盤や言葉が欠けている」と指摘した（『日本の思想』〔岩波新書〕）。

日本では、各部分社会が、タコツボとして相互の関係の乏しいままに存在し、これらをつなぐ共通の言葉、概念、価値観、センスが欠如している。つまり、共有できる当然の前提としての普遍的な基盤が存在しない。

法律家の世界をみても、学者と実務家の溝は一般的にはなお深いし、裁判官、弁護士、検察官についても、合わせての法曹集団というよりも、個々のムラの構成員という性格が強い。特に、裁判官、検察官は、数が少ない上に人事と「ムラの空気」を通じたがんじがらめの統制下にあり、日本のほかの部分社会と比べても流動性が低い。また、裁判官の中でも、たとえば刑事系は、さらに一段階閉鎖された狭いタコツボ型社会を形成している。こうした状況では、法律家全体、さらには社会全体を見据えた適切な改革を果敢に行うことは難しい。

場と空気の支配、ムラ、世間

評論家山本七平の日本人論については、広く知られている一方、戦後民主主義の欺瞞は鋭く突くがみずからの主要読者層である保守派には甘い、先人の業績に示唆を得ながらそのことを必ずしも明言していない場合がある、学問的な方法論や正確性が不十分だなど種々の批判もあり、それらはいずれも当たっている部分があると思う。

しかし、「日本社会は空気と水の循環によって動いている」というそのコアとなる論旨については、日本社会における異端、クリスチャンとして生き、かつ大学という相対的に安全な象牙の塔によらずに出版の世界で泥水をかぶりながら思考を重ねた人ならではの、否定できない重みのある卓見といえよう。その要旨は次のようなものだ。
「日本社会を支配しているのは、非論理的で実体のない『空気』であり、この『空気』は、『水』すなわち否定のできない現実に直面することによってしか消えない。しかし、一つの空気が消えれば次には別の空気が日本を支配するのであって、この循環構造は少しも変わらない」（『「空気」の研究』〔文春文庫〕）
戦前の日本社会から戦後の日本社会への転換は、残念ではあるが、大局的にみれば、山本のこの図式で整理できてしまう。個々の著者、思想家、芸術家をみれば深い絶望や思索も種々あったが、日本全体としてみるなら彼のいうとおりであり、昨日まで戦争の旗を振っていた新聞等のメディア、また指導的知識人と目されていた人々が、一夜明ければ、「これからは民主主義だ」と語っていた。
たとえば、映画の世界でも、基本的には、国策映画から民主主義宣伝映画へと、プロパガンダの方向が変わっただけだった。それでも、戦後、芸術的な意味での黄金時代が集団的な規模で出現したという点では、ほかの世界とは多少違っていた。しかし、戦後十五年間、少しずつ絶望や混迷から立ち直り、彼らなりの「普遍」を模索し続け、結果として、世界的にみてもその時代における最高水準の作品を作りえた監督たち（溝口健二、小津安二郎、成瀬巳喜男、黒澤明等）は、すべて、言葉の本来の意味における保守主義者というべき人々だったのであり、当時の思想・芸術界においてはむしろ主流で、その意味で時代の空気とともにあった左翼系の人々やそれに近いムード左翼的な人々ではなかった。彼らが敗戦と戦後社会の激変によるショックの中で抱いた危機意識、喪失感、絶望こそが先のような一連の傑作の基盤となったのだが、こうした事態が大きな規模で起こった例は、さほど多くはないのである（ほかには、目立たない分野ではあるが、戦後詩、現代詩が挙げられようか）。

さて、私は、この「空気」については、それが醸成される「場」の研究も必要ではないかと考えている。もしかしたら、空気よりも場のほうが本質的には重要なのかもしれない。日本人の行動は、まずは、「場の雰囲気」によって規定されているからだ。「論理」によってそれに水を差そうとして徒労に終わった経験を子どものころ以来数知れずもつ私からすると、この「場」は、計り知れない威力を帯びた実体とみえる。

日本には「社会」ではなく「世間」があるだけだという考え方も、日本「ムラ」がもつ理不尽でありながらとらえにくい圧力の正体についても、やはり、「空気と場」の問題に関連していよう。もちろん、日本人の法意識についても同様である。

「法の支配」の欠如、手続的正義の原理の欠如

日本において相対的に「法」が無力であり、知識人をも含めて人々の法に関する知識、

感覚が乏しく、したがって法意識も未熟なままであることについては、「法の支配」の欠如、手続的正義の原理の欠如が、大きな理由として挙げられる。

「法の支配」（Rule of law）の意味はかなり多義的だが、簡潔にまとめれば、専断的な国家権力の支配（人の支配）を排し、統治する側の権力もまたより高次の法（人類普遍の法、自然法。憲法はこれを具体化したものといえる）によって拘束されるという原理である。

「法の支配」に対置されるのは、前記のとおり、「人の支配」すなわち権力者支配である。国家、社会は、元々はどこでも人の支配によって成り立っていたが、やがて、イギリスで、「統治される者のみならず、王をも含めた権力者もまた法の支配に服さなければならない。統治は法の下になされるべきである」との思想が発展し、世界に波及していった。

つまり、「法の支配」の原理とは、「法は権力者をも縛る」との原理、そのような意味での「法の下における公正な統治」の原理であり、そこでは、法の機能は、専断的な「人の支配」から人々を守ることに重点が置かれる。「法の支配」は、先にも述べたとおり、英米法の根幹にある考え方であり、違憲立法審査権の基盤でもある。ヨーロッパ大陸的な「法治主義」も、統治が法に基づいて行われなければならないことを主張するが、「法の支配」には、通常の法律をもってしても侵しえない自然権を強調する点において、「法治主義」よりも強力に人々の権利・自由を保護しようとする意図があるのだ。

次に、訴訟法の基本原則でもある「手続的正義の原理」は、日本では「法の支配」よりもさらに知られていない。しかし、やはり近代法の基盤にある原則だ。結果の妥当性だけではなく、そこに至るための手続それ自体が適切、透明なものでなければならないことを意味する。

手続的正義を実現するために、訴訟法は、各種の手続保障を当事者に与えている。手続的正義が全うされてこそ、真に妥当な結果（実体的正義）も得られるのだ。たとえば、刑事手続では、人身拘束に関する合理的で憲法に適合したルールの確立や違法収集証拠の排除等の事柄が、民事手続では、双方対席の場で相手方の主張や証拠に反論する機会の保障が、手続的正義の中核を成すといえよう。

しかし、第5章で述べたとおり日本の刑事手続では右のような事柄はないがしろにされている。民事訴訟においても、裁判官が当事者の一方ずつを順に説得する透明性の低い和解が行われている（和解においても、当事者と裁判官が証拠の評価について議論したり、裁判官が心証を開示したりすることはよくある。したがって、本来は当事者双方の対席が適切である）。家事手続に至っては、近年の改正（二〇一一年の家事事件手続法成立。施行は二〇一三年）まで、一方当事者から裁判所に書面が提出されたことすら、相手方がこれを知りうる保障がないような状態だった（谷口安平ほか編著『裁判とフェアネス』〔法律文化社〕）。

司法の領域でさえこのような状況なのだから、政治、行政、企業経営等を含め、日本社会全般において手続的正義が実現、尊重されていないことは、論をまたないであろう。

前の章でも述べたとおり、第二期安倍政権時代以降の自民党、また政治全般の問題の中核にあるのが、「人の支配の横行」と「手続的正義の原理の無視」である。安倍政権における「人の支配」は目に余るものだった。また、内閣法制局長官について最高裁判事任命という栄転のかたちで更迭し、後任については内部昇格の慣例を破って外務官僚（小松一郎氏。第一期安倍内閣時代に、外務省国際法局長として、集団的自衛権の行使をめぐる「安全保障の法的基盤の再構築に関する懇談会」の立案・実務にたずさわった人物）を採用する異例の強引な人事を行った上で、本来憲法改正によるべき集団的自衛権の行使認容を閣議で決定し、各種の関連立法を強行採決したのは、「手続的正義の原理の徹底的な無視」であった。

また、世論やメディアが、そのような政治の横暴を厳しく批判することなくずるずると許容してしまい、あまつさえ、先のような専横の政治について、「強いリーダーシップ」と賞賛する声さえ相当に強くあったという事実は、まことに残念ながら、日本人の法意識の未熟さを端的に示すものというほかないであろう。

人とムラとオキテの支配、無意味な規則、空洞化する制度

それでは実際に日本社会を規定している原則は何かといえば、前記のとおり、「法の支配」よりも「人の支配」であり、部分社会である「ムラ、タコツボ」における暗黙の「オキテ」なのではないかと思われる。日本人は、現実には、多くの場合、「法」に従って行動しているのではなく、法の内側に引かれた見えない「オキテ」に従って行動している。

この点では、現代日本の社会は、江戸時代とそのまま接続しているともいえる。いや、第2章でみたとおり、むしろ、江戸時代には、村社会すなわち「村落共同体」と「家」とが強固で安定した実体であったためにそれらの枠組みを超えられないという意味での限界はあったものの、その限界内における法意識は現在よりも高く、村の運営における手続的正義についての関心も高かったという側面さえあるかもしれない。

また、明治時代以降のシステムが、「村落共同体」や「家」の利用できる部分だけを、明治天皇制という擬似的な普遍の下に組織し収奪したために、川島が批判したようなその悪い側面だけが、生き延びてしまったのかもしれない。

戦後の「村落共同体」や「家」の解体も、たとえば、「家」は消滅しても「氏」を中心とする戸籍の体系はそのまま残されたように、過去を振り返り、受け継ぐ部分と断ち切る部分を仕分けした上で、受け継ぐべき部分は受け継ぎ、断ち切るべき部分はきちんと断ち切

るという作業を十分にした上でのものではなかった。

その結果として、この高度資本主義社会にも、過去の亡霊は、「日本型管理社会の核」として生き残っている可能性がある。いわゆる国粋保守派の人々が、「夫婦同姓＝事実上夫の姓を名乗らせる」制度にあれほど固執するのも、この「過去の亡霊」への執着と考えれば、よく理解できるのではないか。本書で論じてきた事柄のすべてを解く鍵の一つは、この「意識化されないままに残存している江戸時代の負の部分」という問題かもしれない。

先の「オキテ」とも関連するが、日本社会の問題の一つとして、何の意味もない、本当に無意味な「規則」の多いことが挙げられる。その代表的なものである校則についてさえ、ようやく改善の動きが出始めたという段階なのだ。これは、学校だけのことではない。日本社会のどの部分をみても基本は同じなのである。

私は、裁判官として、事件を通じ、さまざまな組織や社会の有様を見た上で学界に移り、出版やジャーナリズムの世界もひととおり見てきた。したがって、日本人としては相対的に多数の部分社会をみてきた人間だと思うが、「どこまで意味があるのか不明な規則や規制でがんじがらめ」の感が強いのは、おそらく、それらのすべてに共通する事柄ではないかと考える。

特に、あらゆる部門の官僚たちは、そうした規則の精緻化作業ばかり行っている。独立性の高い職業の代表とみられている裁判官の実情にしてからが、無意味なオキテ・規則や自己規制で身動きのとれない有様なのである。

そして、作る意味がどこにあるのかはっきりしない規則や制度は、容易に空洞化する。日本企業のコンプライアンスが規則ずくめで時間を食う割には機能していないのも、社外取締役制度が存在する企業で実際には人の支配が横行しているのも、ただ「かたち」だけをまねて、それらを採用した「目的、動機」について、また、その「意味、機能」についての考察がお留守になっているからではないだろうか。

あとがき――日本人の法意識と日本の未来

本書においては、現代日本人の法意識について考えることの意味（第1章）から始まり、これに関する歴史的考察（第2章）を行った後、婚姻、離婚、共同親権、不貞、事実婚、同性婚等家族法の問題をめぐる法意識（第3章）、犯罪と刑罰、死刑、冤罪等刑事司法の問題をめぐる法意識（第4・5章）、権利、所有権、契約、民事訴訟といった総論的な事項をめぐる法意識（第6章）、司法、裁判、裁判官をめぐる強固な幻想（第7章）、制度と政治をめぐる法意識（第8章）について論じ、最後に、法意識の基盤にある日本の精神的風土とその問題についても概観した（第9章）。

現代日本人の法意識について右のようなさまざまな視点から論じたこの書物は、これまでの蓄積をも踏まえ、私の一般書としては初めて、法社会学の、また日本社会論の領域にかなりの程度踏み込んだものである。そして、前著『我が身を守る法律知識』（講談社現代新書）が私なりの「予防法学」の全体像を提言したものであるのと同様、法社会学・法意識論の間口を広げようと努めてきた私の姿勢をまとめた、学者、著者としての提言でもある。

本書の記述を通じて、法意識論というテーマには大きな広がりがあることをご理解いただけたのではないかと考える。また、本書が、法意識という一つの視点、窓から、それに関係する限りで、日本社会が抱える「ムラ社会としての病理」、日本人の「前近代的な意識の持ち方」の問題について論じた書物であることについても、同様である。

日本の近代についてはさまざまな評価がありうるが、近年は、いずれかといえば、日本の近代化はすでにおおむね完了したことを前提としてポストモダン的な視点から日本社会を論じる傾向が、社会科学一般のみならず、法学の領域でも増えてきている。

この書物からもおわかりのとおり、私自身、個人の自由と尊厳を重視するという意味で自由主義者であるとともに、ポストモダン的な感性をもつ人間なので、右のような方向性自体は理解できる。しかし、一方、私の研究・執筆人生の半分を占めた法律実務家、元裁判官としての経験からすると、「日本の紛争、法的問題やそこで弱い立場に置かれている人々の現状、また、日本社会における人権尊重、法の支配、手続的正義の実質的なレヴェルをみるなら、ポストモダンなんて絵空事。日本の司法も、法制度も、日本人の法意識も、未だに一部はプレモダン」という印象も強いのである。

国家・社会の根幹である「法」という領域については、日本人の意識は、高いとはいいにくい。しかし、よく考えてみると、それは、狭義の法の領域のことだけなのだろうか。

たとえば、日本の政治などは、自民党の中枢になお一定の自制と見識のあった時代よりもはるかに後退し、特に近年は、「ほとんど前近代」の様相を呈しているのではないだろうか。

「日本人は、近代のエッセンスとして消化しておくべきだった事柄を未だ十分に意識、消化していないのではないか？　それが、バブル経済崩壊以降現在に至る長期間にわたる停滞と混迷の、そして未来がみえない状態の、根本的原因の一つなのではないだろうか？」

本書における分析、考察の背景にある著者のそのような問題意識を、読者にいくらかでも共有していただくことができたとしたら幸いである。

この本は、専門書主著六冊、筆名（関根牧彦）の書物四冊をも含めると、私の二十二冊目の書物に当たる。そして、最初の書物刊行からちょうど三十年目の本でもある。

長い間に延べ数十万に及ぶ読者を得てきたことについては、インターネット発信もしていない学者著者としては、まれなことであろう。そのようにして書き続けていられることにつき、読者の方々に深く感謝したい。

本書の原稿については、古くからの友人でもある民法・家族法学者の水野紀子さん（白鷗《はくおう》大学教授、東北大学名誉教授）に、家族法関係部分について議論していただき、査読もお願いした。また、ほかにも数名の方々に、原稿をお読みいただいたり、質問にお答えいただいたりした。お礼を申し上げたい。

編集者の高月順一さんとのお付き合いは、最初の時点から数えればすでに十一年間余り。創作の『黒い巨塔 最高裁判所』〔講談社文庫〕を含め、本書で五冊目の共同作業となった。今回も、的確で鋭い指摘・示唆をいただいたことに謝意を表したい。

なお、本書の書名については、執筆の途上で、日本文化会議編『現代日本人の法意識』〔第一法規。一九八二年〕と同一であることに気付いたが、特異なものではない一般的なタイトルであること、内容（右の書物は法意識調査データの統計的分析書）も刊行時期も大きく異なるため混同の可能性はないことを考慮し、そのまま維持することとした。ご理解いただければ幸いである。

二〇二四年一〇月

瀬木 比呂志

若干の補足

本書で論じられた事柄についてさらに詳しく知りたい、調べてみたいという読者のために、若干の補足を加えておく。

⑴　第2章関係

第2章の2で論じたような、日本人が江戸時代にも積極的に訴訟を行っていたことを示す研究は、「法制史」に限定されない分野で広く行われている。たとえば、林真貴子「『裁判が嫌いな日本人』？――近代日本の勧解の歴史」〔法学教室五〇九号六三頁以下〕の注⑶に掲げられた文献がその例である。

⑵　第5章関係

冤罪については多数の書物が出版されてきたが、うち比較的包括的なものをいくつか挙げておく。一般読者にも読みやすいのは、入門書的な③、ついで日本人による近年の分析④、⑤かと思われる。もっとも、冤罪に関する研究、分析書は、全般的に、法学を学んだことのない人にも比較的読みやすい。法の解釈に関する記述があまりないからである。

①Ｋ・ペータース著、能勢弘之・吉田敏雄編訳『誤判の研究――西ドイツ再審事例の分析』〔北海道大学図書刊行会。原著一九七〇～七四年。重要部分を編集したもの〕

②ブランドン・Ｌ・ギャレット著、笹倉香奈ほか訳『冤罪を生む構造――アメリカ雪

冤事件の実証研究』〔日本評論社。原著二〇一一年〕

③小田中聰樹《としき》『冤罪はこうして作られる』〔講談社現代新書。一九九三年〕

④木谷明『違法捜査と冤罪――捜査官！　その行為は違法です。〔第2版〕』〔日本評論社。二〇二四年〕

⑤吉弘光男・宗岡嗣《し》郎《ろう》編『犯罪の証明なき有罪判決――23件の暗黒裁判』〔九州大学出版会。二〇二二年〕

(3)　第6章関係

川島武宜の法意識研究は、『川島武宜著作集』〔岩波書店〕第四巻にまとめられている。その著者解題においては、一九六七年に刊行された『日本人の法意識』が、川島法意識研究の一応の総括と位置付けられている。なお、同書は、右著作集収録の機会に改訂されているが、基本的な内容は変わっていない。

川島以降の法意識研究の歴史については、塩谷弘康「法意識と法文化――日本法のアイデンティティを求める旅」〔法律文化社『レクチャー法社会学』第3章〕がコンパクトにまとめている。また、右のような展開の概要を知るためには、一九八〇年代とやや古い時代のものではあるが、日本法社会学会編の学会誌「法社会学」三五ないし三七号の法意識に関する報告・討論が、まず参照されるべきものであろう。

講談社現代新書　2758

現代日本人《げんだいにっぽんじん》の法意識《ほういしき》

二〇二四年一一月二〇日第一刷発行　二〇二五年五月一四日第三刷発行

著　者　瀬木比呂志《せぎひろし》

発行者　篠木和久

発行所　株式会社講談社
東京都文京区音羽二丁目一二―二一　郵便番号一一二―八〇〇一
電　話　〇三―五三九五―三五二一　編集（現代新書）
〇三―五三九五―五八一七　販売
〇三―五三九五―三六一五　業務

装幀者　中島英樹／中島デザイン

印刷所　株式会社ＫＰＳプロダクツ

製本所　株式会社国宝社

定価はカバーに表示してあります　Printed in Japan

N.D.C. 321　270p　18cm
ISBN978-4-06-537825-0

「講談社現代新書」の刊行にあたって

教養は万人が身をもって養い創造すべきものであって、一部の専門家の占有物として、ただ一方的に人々の手もとに配布され伝達されうるものではありません。

しかし、不幸にしてわが国の現状では、教養の重要な養いとなるべき書物は、ほとんど講壇からの天下りや単なる解説に終始し、知識技術を真剣に希求する青少年・学生・一般民衆の根本的な疑問や興味は、けっして十分に答えられ、解きほぐされ、手引きされることがありません。万人の内奥から発した真正の教養への芽ばえが、こうして放置され、むなしく滅びさる運命にゆだねられているのです。

このことは、中・高校だけで教育をおわる人々の成長をはばんでいるだけでなく、大学に進んだり、インテリと目されたりする人々の精神力の健康さえもむしばみ、わが国の文化の実質をまことに脆弱なものにしています。単なる博識以上の根強い思索力・判断力、および確かな技術にささえられた教養を必要とする日本の将来にとって、これは真剣に憂慮されなければならない事態であるといわなければなりません。

わたしたちの「講談社現代新書」は、この事態の克服を意図して計画されたものです。これによってわたしたちは、講壇からの天下りでもなく、単なる解説書でもない、もっぱら万人の魂に生ずる初発的かつ根本的な問題をとらえ、掘り起こし、手引きし、しかも最新の知識への展望を万人に確立させる書物を、新しく世の中に送り出したいと念願しています。

わたしたちは、創業以来民衆を対象とする啓蒙の仕事に専心してきた講談社にとって、これこそもっともふさわしい課題であり、伝統ある出版社としての義務でもあると考えているのです。

一九六四年四月　野間省一